今を生きる思想

ハンナ・アレント
全体主義という悪夢

牧野雅彦

現代新書
100
HUNDRED

JN053103

講談社現代新書

2677

はじめに　未来の「全体主義」に抗《あらが》うために

「これは決して起きてはならないことだった」

これがナチスによるユダヤ人の大量虐殺のニュースをはじめて聞いたときのハンナ・アレントの感想だった。大量の人間が身にまとうもの一切を剝ぎ取られて殺される。まるで死体製造工場のように、生きるに値するかどうかで人間が選別されてガス室に送られ、つくりだされた死体は焼却され解体されて処分される。一切の人間的な痕跡がそこでは抹消されている。

そもそもこのようなことを人間はしてはならないはずだった。どうしてそのようなことが起こってしまったのか。あのようなことが起きてしまった後で、われわれは人間としてどのように生きて行けばよいのだろうか。

アレントにとってユダヤ人の大量虐殺は、一握りの者の犯した残虐行為ではない。筋金入りのサディスト、極悪非道の人間の犯罪であれば、しかるべく法に照らして処罰すれば事は済むだろう。だが、ナチスの行ったのは一部の犯罪集団の犯行ではない。数百万人といわれる人間を拘束して収容所で殺処分するなどということは、警察や軍隊、行政、ナチス党や親衛隊などの実行部隊がその遂行を担うだけではなく、無数の人間が協力しなければ到底なしうることではない。そこには、ナチスを積極的に支持したこともなければ党の活動に加わったこともない普通の市民、普段は他人に暴力をふるったり犯罪に手を染めたりするなど思いもよらないごく普通の人間が、密告などのかたちでユダヤ人の摘発に協力することから、見て見ぬ振りをしてユダヤ人に対する蛮行をやり過ごすことまでを含めて、何らかの形で関与していた。殺害の標的となるはずのユダヤ人自身も、一部の者はナチスに取り入って難を逃れようとして、あるいは自分にとって大切な者を救おうとして、収容対象者の選抜や収容所への移送に協力したし、多くの者は諦めからか絶望からか、ナチスの指示に従順に従っていったのである。

意図するしないにかかわらずナチスの犯行に関わった多くの人々からは、およそまっとうな感情や感覚、正常な判断力が失われていた。ナチスの暴政はユダヤ人や一部の少数者、反対者を弾圧しただけではない、ユダヤ人の抹殺にいきつく運動に多くの者を巻きこむことによって、彼らの人間性そのものを奪ったのである。その意味において、ナチスが行ったことは、人間を人間として成り立たせている基盤そのものの破壊であった。そうした人間破壊の現象をアレントは「全体主義」と名づけたのである。

「運動」としての全体主義

「全体主義」という言葉は普通、ヒトラーのナチス・ドイツやスターリン時代のソビエト・ロシアのように、独裁的な人物を指導者と仰ぐ政党が排他的なイデオロギーに基づいて支配する政治体制に対して用いられる。政治学などでは、単一政党による軍や官僚の統制、マス・メディアなどを通じた社会・経済の一元的・全面的な支配がその指標とされているが、アレントは全体主義の特徴を何よりも「運動」に求めている。幅広い国民大衆を巻きこんだ「運動」が強大化して政治権力を掌握したあかつきには、旧体制の官僚や軍指導者、政界・財界の指導者でこれに従わないものは粛清され、野党の抵抗は徹底的に弾圧される。排他的なイデオロギーに基づいて敵対勢力とされた集団は逮捕されて収容所に送られる。社会の隅々にまでおよぶこうした支配は、経済的な破局や自滅的な戦争によってやがては自らの体制そのものを破壊する。ユダヤ人の強制収容所での大量虐殺はその終着点であった。

「全体主義」によって破壊されるのは敵対集団や被支配者層だけではない。全体主義体制においては、単一政党や国家の諸機関の間に競合や対立が日常的に生じる。軍や警察をはじめとする各種の行政や経済管理の分野で同一領域に複数の党機関や行政機関が設立されて争いを繰り広げる。通常の国家体制において存在していた権限配分や役割分担は解体される。効率的な行政や権力の相互抑制はなく、指導者を取りまくリーダーの権力争いが混乱に拍車をかける。全体主義の運動は国家そのものを破壊するのである。

かくして全体主義はそれまで人間の生活基盤となっていたもの、既存の道徳規範や伝統をはじめとする一切のものを破壊してしまった。そこでは自由主義や保守主義、社会主義といった従来の政治思想やイデオロギーはもはや通用しない。

「既存の一切のものが効力を失った世界にわれわれはいま生きている。そこから、人間はどのような関係をとり結んでいったらいいのか」、これがアレントの問いであった。

全体主義は再来するか?

全体主義は過ぎ去った遠い昔の話ではない。

なるほど、ヒトラーのナチス・ドイツは第二次世界大戦の敗戦によって崩壊し、全体主義のもう一つの代表であるソビエト・ロシアのスターリン体制も彼の死後に変容を遂げ、「ベルリンの壁」の崩壊によってコミュニズムの体制そのものが消滅した。ナチスの体制であれスターリン体制であれ、いくつもの歴史的な要因や出来事が積み重なって成立している。

しかしながら全体主義をもたらしたさまざまの要因は今日においても存在し続けている。グローバリゼーションの名の下で進められているモノ、カネ、人の国境を越えた移動や交流は、経済的な格差の拡大やそれにともなう民族、人種間の対立を生み出しつつある。経済発展と手を携えて進行する科学技術・テクノロジーの進展は、それまでの人間の生活のあり方を変容させつつある。そうした状況の中で「全体主義」が形を変えて再び登場する危険はむしろ拡大している。

たとえば、政府が国民の求めている情報を隠蔽し、行政が関係文書や資料を隠匿・改竄《かいざん》する事件が頻発している。民間企業でも顧客や消費者に公表すべき情報の隠蔽や改竄は日常的に行われている。情報の隠匿や虚偽に対する不信は、そうした事態を伝えて監視すべきマス・メディアや野党にもおよんでいる。新聞やテレビなどの報道こそ偏った立場から間違った情報を意図的に流しているのではないかという指摘がしばしばなされ、政府を批判する野党も同じような不正や腐敗に手を染めていたというのもよくある話である。政治不信やマス・メディアに対する不信を背景に、インターネットやその他の情報発信のツールによって不確かな情報や噂が瞬時に拡がる。扇情的な意見や憶測が氾濫する背後で、「陰で誰かが操っているのではないか」、「誰が得をしているのか」という陰謀論がいろいろなところでささやかれている。

政治に対する不信や社会に対する不満がひろまり、先の見通しがきかない状況の中で、人々の間の不信や不安を駆り立てるような指導者が登場し、広範な人々をまきこんだ全体主義の運動が生まれる地盤は整いつつあるように見える。インターネットなどのテクノロジーの発展は、まったく新しいかたちで全体主義を登場させることになるかもしれない。

アレントの思想が今日さまざまなところで注目され、彼女の著作が読まれているのも、アレントが「全体主義」という現象に正面から向き合い、そこから自らの思想を生みだしていったからにほかならない。アレントを読むことは、全体主義に抵抗するための人間のあり方を考えるということなのである。

それでは全体主義とは何であったのか。それをもたらしたのはいったい何か。われわれはそれにどう向き合っていったらいいのか。順を追ってみていくことにしよう。

目次

第3章　全体主義の構造――　33

＊本文中の出典についてはＰ１１３の註釈一覧を参照。
なお、引用に際しては一部表現を改めた。

第1章　反ユダヤ主義の起源

ナチスの迫害を逃れて

ハンナ・アレントは一九〇六年、ドイツのハノーバーで、ユダヤ系の中産階級の家庭に生まれた。マールブルク大学でハイデガー、ハイデルベルク大学でヤスパースに師事して哲学を学ぶ。博士論文『アウグスティヌスにおける愛の概念』を執筆した後に、一九世紀初頭のベルリンでロマン派の文人などを集めたサロンを主宰したユダヤ人女性ラーエル・ファルンハーゲンの評伝を書いている。

一九三三年に政権を掌握したナチスの迫害を怖れてアレントは母親とともに出国し、プラハからジュネーブをへてパリへ逃亡する。パリでは中東パレスチナにユダヤ人の故国を建設しようとする「シオニズム」の運動に協力している。ユダヤ人の問題を自分の問題として受けとめ、ユダヤ人としての自己の存在の意味、ユダヤ人とは何かについて本格的に考え始めたのもこの頃からである。

アレントはシオニズム運動とは次第に距離を置くようになっていくが、ユダヤ人をはじめて政治的な場に登場させたとしてシオニズムを高く評価している。第二次世界大戦中にユダヤ人が自らの民族の旗を掲げて連合国に協力するユダヤ軍の結成をアレントが支持した事実は、公の場で自らの存在を示す政治活動を重視する彼女の考え方の特徴をよく示している。

第二次世界大戦がはじまり、ドイツ軍がパリに迫ってくる一九四〇年五月、フランス政府は亡命したユダヤ人を敵国人として収容所に収容する。アレントはピレネー山脈近くのギュルス収容所に移された。六月にフランスが降伏すると、ドイツ軍のパリ占領の混乱を機に収容所を脱出してスペイン国境を越え、アメリカに渡航する。一九四一年五月にニューヨークに着いてから一九五一年にアメリカ国籍を取得するまでの間、亡命ユダヤ人として執筆活動を始め、ユダヤ系の新聞『アウフバウ』や『パルチザン・レビュー』などの雑誌に投稿、バークレー、シカゴ、プリンストン、コロンビアなどの大学で教鞭を執っている。「無国籍者」としての経験についての思索の成果が一九五一年に出された『全体主義の起源』である。

ユダヤ人とは何か

『全体主義の起源』は、ユダヤ人である自分の存在への問いの書でもあった。ユダヤ人とは何か、ユダヤ人はたんなる被差別民・マイノリティ一般ではない。ユダヤ人に対する差別や偏見は、ヨーロッパの国家と社会の中で彼らが占めている独特の位置と関係している。

一九世紀ヨーロッパにおいて完成する国民国家は、階級や階層によって区分された国民を基盤とする国家である。国民国家は均一的な単一の「国民」によって設立された国家ではない。フランスを中心とする西ヨーロッパの主要国では、言語や文化を共有する「民族」がほぼそのまま主権国家を形成する「国民」となるが、ヨーロッパ全体の中ではむしろ例外である。多くの場合に階級や階層の区分は民族や宗教・宗派の区別と重なり合っている。

他の民族と異なるユダヤ人の特徴は、そうした国民国家の外に立つ「アウトサイダー」だったところにある。彼らは国民国家を構成する階級や階層の中に入っていなかった。むしろ国民国家の外にあって、国家と国家の間を仲介する金融業者として発展していった。ロスチャイルド家を中心とするユダヤ人金融業者たちは国家の資金調達、戦争のための軍資金の提供から講和の際の賠償金の手配などを通じて富を獲得するとともに、国家は彼らが国際的なネットワークを通じて獲得した金融資産や情報を利用するという共生関係が形成される。ユダヤ人金融業者たちは国家のアドバイザーとしての地歩を占めていった。

さらにそうした金融業などで上昇していったユダヤ人の第二世代は、文筆家やジャーナリスト、知識人などの世界に入り込んでいく。彼らは時にはユダヤ人に対する偏見や差別を逆手に取って、他とは異なる「ユダヤ人」の独自性を強調し、自ら「ユダヤ人」を演ずることで上流階級のサロンに受け容れられることになる。その意味において彼らはヨーロッパの共通文化の一翼を担う存在でもあった。

国民国家の解体から生まれた反ユダヤ主義

もちろんそのようにして成り上がっていくユダヤ人はごく一部であり、同じユダヤ人の間にも経済的な格差や階級的な対立が存在していた。偏見の目に晒されながらも市民社会に同化していった西ヨーロッパのユダヤ人と、東欧のユダヤ人との間にはさらに深刻な格差や意識の相違が存在していた。そうした民族内部の経済的格差や階級対立は他の民族においても同様である。異なるのはユダヤという民族の存在自体が国民国家の外部にあって、国家と国家の間を媒介する役割を果たしていたことである。

ヒトラーが生まれたオーストリア＝ハプスブルク帝国は、ドイツ民族、ハンガリーのマジャール民族、チェコ・クロアチアなどのスラブ系の諸民族などからなる多民族国家だったが、ユダヤ人は他の諸民族とは異なり、もっぱら金融業などを通じて王室とつながる特権的地位を占めていた。「ヨーロッパの諸国家システムを媒介するユダヤ人」という構図が帝国の内にそのまま凝縮されていたのである。近代的な反ユダヤ主義の先駆者とされるゲオルク・フォン・シェーネラーの汎ゲルマン主義運動や、カール・ルエーガーのキリスト教社会党がオーストリアのウィーンで生まれ、ヒトラーが彼らの運動から多くのものを継承したのは決して偶然ではない。

一七世紀なかばにヨーロッパで形成される主権国家のシステムは、一定の領土に対する排他的支配権としての「主権」を国家が相互に承認することによって成り立っている。国家がお互いの内政に対する不干渉、国家間で紛争が生じた際の——戦争も含めた——解決のためのルールを尊重していくためには、国家間の関係を安定的に支える媒介的存在を必要としている。それを保証していたのがキリスト教という文化的基盤と、宗教改革で分裂したとはいえ国家を越えて信徒を組織していた教会、とりわけローマ・カトリック教会、世襲的な主権者としての君主の王室を通じたつながり、そしてユダヤ人の国際的なネットワークであった。

一九世紀末から顕著になる「反ユダヤ主義」は、国民国家を支えるこれらの相互媒介のシステムが解体しはじめた結果として生じてくる。西欧国民国家の典型であったフランスでその徴候が顕著に現れたのがパナマ運河の開設をめぐる金融スキャンダルである。

地中海と紅海を結ぶスエズ運河を開通に導き（一八六九年）、西洋世界と中東・アジアの交通と地政学的状況に大きな転換をもたらしたフランスの元外交官レセップスは、さらに一八八〇年、大西洋と太平洋を結ぶパナマ運河の開鑿《かいさく》に着手する。工事は技術上の問題や黄熱病の蔓延、資金難などの理由で難航し、パナマ運河会社は一八八八年に富籤《とみくじ》つき債券を発行するが倒産する。一八九二年、債券発行に際して政府の承認を得るために会社が多数の議員に賄賂を贈っていたことが発覚して、運河会社の倒産は大規模な疑獄事件へと発展する。議会政治家と運河会社を仲介していたのはロスチャイルドなどのユダヤ系の金融資本ではなく、ジャック・レーナックとコルネリウス・エルツという新興のユダヤ人金融ブローカーであった。後の「ドレフュス事件」でドレフュス擁護の先頭に立つ政治家ジョルジュ・クレマンソーも関与を疑われて議会選挙で落選している。

運河会社が多くの小口の投資家から集めた資金は一三億三五五三万八四五四フランにのぼる（一九世紀フランの価値は比較的安定していて一フランが一〇〇〇円位といわれる。戦後日本の物価上昇を勘案するとそれ以上になるかもしれない）。なけなしの資産を失った中産階級の批判や不満は、運河会社や汚職に手を染めた政治家だけでなく、金融スキャンダルの背後で暗躍していたユダヤ人へと向けられた。その意味においては、国家を支える安定的な金融・資金調達のシステム——特権化していたロスチャイルドなどの支配——がゆるんだことによって表面化した腐敗が、「国家や経済を背後で支配するユダヤ人」というイメージの形成に大きく寄与したのである。そうして形成される「反ユダヤ主義」が政治の表舞台に登場した事件が「ドレフュス事件」であった。

対立を煽ったドレフュス事件

一八九四年、フランス参謀本部のユダヤ人将校アルフレッド・ドレフュスはドイツに情報を漏洩した容疑で逮捕され、終身流刑の判決を受ける。ドレフュスは一八七〇－七一年の普仏戦争の結果、ドイツに併合されたアルザス地方の出身で、この地域に多数在住していたユダヤ人はフランスへの帰属意識を強めていった。そのドレフュスがドイツのスパイと疑われたのである。

事件そのものは軍内部の冤罪《えんざい》事件であり、情報漏洩は別の犯人によるものであることが明らかになるが、後に首相となるクレマンソーがドレフュスの再審請求を支持して運動を始めるにおよんで、事態は国論を二分する対立に発展する。伝統的な反ユダヤ主義の担い手であったイエズス会をはじめとするカトリック教会や軍などの旧王党派が反ドレフュス、これに対して中産階級や労働者を担い手とする共和派がドレフュス支持というかたちで、フランス革命以来の王党派と共和派の対抗が再現される。そこで反ユダヤ主義の運動の発展を押さえ込んだのは、古典的な国民国家の枠組みであった。

普仏戦争でフランスが敗北してナポレオン三世の第二帝政が崩壊、敗戦の混乱の中からパリで市民や労働者の自治政府であるパリ・コミューンが短命ではあれ、登場した事実に示されているように、すでにフランスにおいても国民国家の体制は動揺しはじめていた。

敗戦後に再建された第三共和制の基盤は脆弱で、かつての王党派につながる保守派や教権主義的なカトリック教会の勢力は議会制民主主義の体制を権威主義的な統治へと変質させて、あわよくば王制を復活させようとしていた。彼らの目論みを最終的に打破することになったのが、ドレフュス事件とそれに続く政教分離法をめぐる対決であり、その担い手となったのがフランス革命以来の共和主義を体現するクレマンソーらの急進社会党であった。フランスにおいては根強く残っていた革命の理念への訴えが、旧王党派や教会・軍隊を担い手とする「反共和派」と、中産階級や労働者を担い手とする「共和派」という、一九世紀国民国家の古典的な対抗軸を復活させることに成功したのである。その過程で、共和制支持の中産階級や労働者階級は反ユダヤ主義から脱却していくことになる。

アレントはキリスト教に根ざした伝統的なユダヤ人差別と、ナチスによるユダヤ人の殲《せん》滅《めつ》にいきつくような反ユダヤ主義とを区別している。本格的な反ユダヤ主義は、国民国家の基盤となる階級・階層の編成の動揺とともに登場する。そして、ヨーロッパにおける国民国家システムの解体の原動力となったのが帝国主義の展開であった。

第2章　「大衆」の登場

国民国家解体の原動力としての帝国主義

一九世紀初頭の産業革命にはじまる資本主義経済の発展は国民国家を内側から突き崩していく。これが西洋国民国家のシステムの枠を本格的に乗り越えるようになるのが、一九世紀最後の四半期にヨーロッパ列強が競ってアフリカの植民地化をすすめた「アフリカ争奪戦」にはじまる帝国主義の展開である。

資本とその担い手であるブルジョアジーは国民国家を破壊する性質を本来的に有している。もともとブルジョアジーは政治的支配への野心を持たずに経済的優位を獲得した歴史上最初の階級であった。彼らは当初は政治的決定を国家に委ねていたが、国家の制約が資本主義経済の発展にとって障害になると、国民国家の枠組みを乗り越えようとし始める。そのような意味で、帝国主義は「ブルジョアジーの政治的解放」であった。

イギリス自由主義体制の代表的政治家グラッドストーン、ドイツの国民的統一を達成したビスマルク、ドレフュス事件で共和国擁護の先頭に立ったフランスのクレマンソーといった政治家たちも、彼らの目指すところはそれぞれ異なっていたけれども、総じて帝国主義的な政策の展開に対しては消極的な態度をとっていた。

例えばビスマルクは一八七一年、普仏戦争によって獲得したアルザス・ロレーヌをアフリカのフランス領と交換しようという申し出を拒否しておきながら、一八九〇年のヘルゴランド・ザンジバル条約で、北海のヘルゴランドと交換に東アフリカのザンジバル、ウィトゥランドの権益をイギリスに譲り渡している。なるほどドイツにとって海の出入り口に位置するこの島をイギリスから獲得することは国防上重要だったかもしれないが、そのかわりに東アフリカ・ザンジバル地域のイギリスの支配を認めてしまったのである。フランスのクレマンソーは一八八〇年代には帝国主義者たちが主張するエジプト派兵に反対し、その三〇年後にはイギリスとの同盟のためにイラクのモースルの油田をイギリスに譲渡している。そのイギリスのエジプト統治についてもグラッドストーンは消極的で、エジプト総領事で帝国主義政策の推進者だったクローマー卿から厳しく批判されていた。総じて彼らが帝国主義政策に消極的だったのは、国境を越えた資本の無限の拡大がいずれは国民国家の基礎を掘り崩すという危険を察知していたからだ、とアレントは言うのである。

ブーメラン効果――植民地での収奪が本国に跳ね返る

帝国主義による国民国家の破壊は、たんに国境の枠を越えた経済進出とそこでの経済的な収奪にとどまらない。破壊は国民国家自身に跳ね返っていく。国内では公然とできなかった露骨な収奪や暴力による抑圧といった方法は、やがて国内にも適用されるようになる。イギリスの経済学者ホブソンはその著書『帝国主義』で、海外植民地に対する政策がいずれは本国にも影響を及ぼして、自由主義的な政治体制を掘り崩していくだろうと警告したが、アレントはホブソンの議論を受けて、これを帝国主義の「ブーメラン効果」と呼んでいる。

第二次世界大戦と全体主義による破壊の後に、国民国家はヨーロッパで再編されるとともに世界各地に拡大されていく(後述)。植民地だったアジア、アフリカの諸国は独立して、一九世紀末に典型的な帝国主義、西洋先進国による植民地の露骨な収奪は表向きは解消されたかに見える。しかしながら、グローバリゼーションにともなう資本と人の国境を越えた移動は、かつて西洋先進国と植民地との間に存在していた搾取や収奪の関係、差別や格差の拡大を国内に持ち込むことになった。そしてその動きは今日でも続いている。

国籍に関わらない人的・物的資源の大都市への集中とそこで行われる経済革新は、国境の区別なく周辺の地域との社会的・経済的な格差を生み出しつつある。富の集中の利益を享受して政治的・社会的な影響力を行使する者たちは、その国民の上層だけとは限らない。外国人でも有能な者、財力その他の手段でチャンスをつかんだ者がそこに参入する。そこから脱落した者、排除された者、零落した低所得者層の憎悪は、一部の特権集団だけでなく、同じように資格もコネも持たずに低賃金労働に従事するために大量に流入してくる出稼ぎ労働者や移民に向けられていく。外国人やマイノリティに対する排斥は、異文化や異民族に対する差別意識や、対外的・軍事的な緊張がもたらすナショナリズムだけに原因があるのではなく、資本主義のグローバルな展開とそれにともなって生じている富の集中と貧富の格差の拡大という背景のもとで起きているのである。帝国主義と「ブーメラン効果」の問題は今日なお深刻な問題としてわれわれの前に横たわっている。

分断された人間の集積としての「大衆」

国民国家の解体の中から生まれてくるのが「大衆」である。

すでに述べたように国民国家は単一で均質な人間の集まりではなく、職業や身分などに基づく階級や階層集団から成り立っている。それらの集団の複合体が国家を形成するか、あるいは国家形成への意志で結ばれるとき「国民」は形成される。一国の階級や階層集団の形成や区別は国や地域ごとに異なり、時には宗教・宗派の相違や民族・人種などの集団的区別と重なり合っている。それぞれの集団の経済生活や社会生活上の要求は、労働組合などの利益団体が吸い上げ、それらの集団を集票基盤とする政党が集約して議会などの代表機関で表出する。階級・階層の構成とそれに対応する政治的代表の編成のあり方、行政や司法との関係がそれぞれの国の政治体制の特徴を形づくることになる。

絶えざる利潤の拡大と蓄積を追求する資本の運動を原動力とする帝国主義は、国民国家の基盤である階級や階層を解体する。金融危機や恐慌によって中産階級は資産を失って零落し、不況は労働者から雇用を奪っていく。人々は所属していた集団、職業や経済・社会生活の拠り所となっていた集団から放り出される。階級・階層集団から脱落した分子、街頭にあふれる「群衆」(モブ)が、一九世紀末から出現する反ユダヤ主義運動の基盤となり、第一次世界大戦の従軍経験から旧来の社会や職業に復帰できなくなった大量の分子とともにナチズムやファシズムの担い手となる。

しかしながら、ナチスの運動のリーダーの多くは「モブ」の特徴——既存の体制や社会から排除されたことに対するルサンチマンや、暴力への傾倒などの個人的な病理——を備えていたとしても、運動に動員され組織される「大衆」の多くは、そうした犯罪的な性質や病理とは無縁な「普通の人々」であった。唯一、彼らが普通でなかったところがあるとすれば、「自分自身にさえ関心をもたない」という点である。全体主義の運動に巻きこまれた者たちは、外部の者に暴力が加えられるのを見ても良心の呵責を感じなかっただけではない。犯罪行為が運動の同志に向けられていても、犠牲者に対して冷淡な態度をとるばかりか、自分自身に暴力が向けられるようになったときでさえも、従順にその犠牲者となっていったのである。

国民国家を構成する階級の解体は、一人一人バラバラにされた人間を大量に生みだす。職業や経済生活上の所属集団から切り離された個人は、お互いに対する関心をもたない。誰からも配慮されず、誰にも気を配らない生活は、やがては自分自身に対する関心をも希薄化させるだろう。かくして「自分自身など何者でもない、いつでもどこでも取り替えのきく存在だ」という感情が一般化していく。そのように互いに無関係で無関心な人間の集合がアレントの言う「大衆」である。彼らは「民衆」や「人民」などと同義で肯定的に用いられる日本語の「大衆」よりも、英語の「マス」(mass)が意味する「塊」や「集積」に近い。互いに無関係な人間が寄せ集められ、塊のように積み重なっている。物理的に近接していても、お互いのことを知らないし関心をもたない。隣にいた誰かがいなくなっても気にも留めない。満員電車や都会の雑踏でわれわれが日常的に目にしている光景から、貨車に押し込められて絶滅収容所へ送られるユダヤ人との間の距離はそれほど遠くないかもしれない。

丸裸にされた人間——法的権利の剥奪

国民国家の解体は、階級・階層への帰属によって享受してきた職業や経済生活、社会的な絆を人々から奪うだけではない。国家によって保障された市民としての権利、法的な保護を奪う。第一次世界大戦による国民国家体制の崩壊は、大量の難民、国籍を剝奪されて市民としての権利の拠り所を失った無国籍者をつくりだした。「人は生まれながらに自由であり、権利において平等である」とフランス革命の人権宣言は説いた。だが実際に国民国家が解体された後に現れた「自然のままの人間」は、一切の法的な保護を剝奪されて丸裸にされた人間であった。国民国家の解体は、一定の形で法的な保護のための実効的な機関や制度がなければ、人は無権利で無防備な存在にとどまることを明らかにしたのである。

第二次世界大戦による破壊の後に、国民国家のシステムが再建されたのもここに理由があった。もちろんそれは一九世紀ヨーロッパの国民国家そのままの復帰ではない。植民地であったヨーロッパ以外の地域にも、民族独立運動を踏まえて国民国家が成立する。戦争による破壊と大量の難民、無国籍者の創出をともなう住民の強制移住などをへて成立した東西の冷戦体制は民族間の紛争や地域対立をひとまず封じ込めた。しかしながら「ベルリンの壁」の崩壊とグローバリゼーションの進行は、今日においても、あらためて国民国家の枠組みを揺るがしはじめている。

全体主義は、国民国家のシステムが本格的に解体する第一次世界大戦以降、そこで顕著になった大衆現象、既存の法や集団によって保障されていた権利を失い、無防備な存在となった大衆の登場を背景に生まれてくる。

第３章　全体主義の構造

「モブ」とエリートの役割

全体主義運動の主要な構成要素となるのは「大衆」であるが、バラバラに分断された「大衆」は自分たちを組織することができない。全体主義という運動が広範な「大衆」を巻きこんでいくためには、彼らの結集を促す触媒が必要となる。

全体主義運動の中核となる分子の多くは、国民国家を構成する階級から早期に脱落する「脱階級分子」としての群衆「モブ」であった。階級社会そのものの解体によって方向喪失状態に陥った「大衆」が何事にも関心をもたないのに対して、モブの多くは既存の体制や社会に対する不満や反逆、権力への渇望、暴力行使への欲求に取り憑かれている。とりわけ第一次世界大戦は重火器による大量殺戮《さつりく》を目前で体験した「塹壕《ざんごう》世代」を大量に生みだした。苛酷な戦闘と殺戮の経験は、往々にして正常な社会生活への復帰を困難にするが、ヒトラーのように、こうした戦争体験を以前の社会や伝統からの「解放」ととらえた者も多かった。ナチスやファシズム運動の指導者の多くは、大戦によって生み出された大量の「モブ」から構成されている。

他方で、旧社会のエリート層、とりわけ知識人や文化人の中からも、ナチズムやファシズムの運動に共鳴する者が出てくる。彼らもまた伝統的な価値や規範に対して、深刻な懐疑に取り憑かれていた。特定の目的ではなく運動そのもの、行動やそれにともなう破壊それ自体に意味を見出すという「行動主義」が彼らを全体主義運動に引きつける。「この世界に意味あるもの、価値のあるものなど何もない」というニヒリズムは一九世紀末に蔓延していたが、迫り来る死を目前にひたすら破壊を続けるという戦場での体験はそうした思想やムードにリアリティを与えたのである。

特定の綱領や政策目標を重視しないという全体主義の特徴も、政治の世界にしばしば見られる御都合主義によるものではなく、「行動主義」がもたらす運動そのものへの傾倒に基づいている。全体主義運動においては、他の政党とは比較にならないほどの全面的な忠誠が要求される。そこではもはやエリートと大衆の区別は解体している。エリートは「いつでも取り替えのきく大衆」の代表であり、彼らもまたいつでも取り替えのきく存在に過ぎない。全体主義運動にとって独自の意志や思考を持つ人間は無用であり、特定の綱領や政策プログラムは、たとえそれが実現不可能なユートピアであっても、意見や異論を生み出す危険をはらんでいる。だからこそヒトラーやスターリンは党の政策プログラムをめぐる討論を封印して、党の綱領を事実上棚上げしてしまったのである。

旧社会の価値を拒否して既存のもののすべての破壊を目指す知識人や文化人にとって、モブが行う犯罪的行為や暴力、その運動が示す破壊への衝動は、旧来のブルジョア社会の道徳や偽善を拒否する「勇気ある行動」であり「新しい生活態度」を示すものに見えた。だが、彼らが賞揚するアバンギャルド芸術や思想的ラディカリズムは、全体主義運動の指導者ヒトラーやスターリンの卑俗な芸術観とは相容れないものであり、運動が権力を握った時に彼らはまっさきに排除されることになる。

深刻な危機の時代には、既存の価値の失墜や目標喪失の中から「行動主義」への誘惑は絶えず生まれてくる。だがそれがもたらす暴力や破壊は、既成のものへの反抗を気取る知識人や文化人の知的なムードや美的なファッションのような遊戯ではすまないものになるだろう。

「世界」のリアリティの喪失

およそ人間が人間として生きて行くためには、「自分はどこからきて、今どこにいるのか、これからどこに行こうとしているのか」を示す指針や道しるべが必要となる。そのためにはこの世界の中で自分自身の位置を見定めることができなければならない。日々の暮らしの経験を通じてそれを絶えず確かめていくことが、「世界」とそのリアリティを与えてくれるのである。

だが、一人一人バラバラにされて、他人とのつながりを断ち切られた大衆には、それまで帰属集団のしきたりや伝統が暗黙のうちに与えてくれていた指針や座標が徹底して奪われている。それがもたらすのは「世界」のリアリティの喪失である。

「彼らは目に見えるものは何も信じない。自分自身の経験のリアリティを信じないのである。彼らは自分の目と耳を信頼せず、ただ想像力のみを信ずる。彼らの想像力は普遍的で一貫しているものなら何でもその虜になりうる。大衆を納得させるのは事実ではないし、でっち上げられた事実でさえない。彼らがその一部となるだろうシステムの一貫性だけを信ずるのである。繰り返しの重要性がしばしば過大評価されるのは、大衆が理解能力や記憶力に劣ると一般に信じられているからだが、重要なのは繰り返すことで最後にはその一貫性を納得させるからにすぎない[*1]」。

階級社会の解体によって自分の足場を根こそぎ奪われた大衆は、自分自身の経験すら信ずることができない。たとえ物理的には近くにいても、互いに無関係、無関心であるという意味で孤立した個人は、お互いの間で共通の「世界」を形成することができない。自分がその「世界」に所属している、その「世界」の中で生きているという実感がもてなければ、自分自身が見たこと経験したことも「本当」のものとは思えなくなる。「世界」の中での居場所を失った大衆は、自分がもはや適合できなくなった世界、自分にとって「嘘の世界」から逃避しようとするだろう。

全体主義は、そうした大衆の想像力に訴えて、この世界と彼らの境遇にそれなりに首尾一貫した説明を与える。「この世界がこんなに生きづらいのはユダヤ人や一部の特権階級のせいであり、彼らこそこの世界の背後で一切を牛耳っている張本人である。だから彼らを打倒すれば、今のあなたの境遇は根本から変わるはずだ」というかたちで。どんなに荒唐無稽なものであれ、そうした説明を信ずるのは大衆が愚かだからではない。むしろ彼らに想像力があり、自らが依拠できる一貫した指針を求めているからである。この点で、愚かな大衆に対するデマや洗脳による支配であるという批判は全体主義の本質を見誤っている。大衆が自分自身の経験のリアリティを取り戻すことができなければ、全体主義の誘惑に抗することは困難だろう。

しばしば陰謀論と言われるこうした説明には、何かそれまでと違った斬新な内容が含まれているわけではない。全体主義が大衆を動員するために利用するイデオロギー、その世界観や教義の内容それ自体は、「人間には血縁あるいは遺伝的形質による種族の差が歴然と存在していて、高貴な種族が支配しなければ人類は劣等な種族によって汚染されて衰退する」というナチスの人種理論であれ、「抑圧された労働者階級こそが新たな世界形成の担い手であり、労働者を搾取してこの社会に寄生する資本家をはじめとする支配階級を打倒しなければならない」というスターリン体制の階級理論であれ、おおむね一九世紀に登場してきた社会進化や歴史発展の説明の構図から借りてきたものである。

全体主義の特徴は、そうしたイデオロギーの内容にではなく、孤立した個人を巻きこんでいく「運動」そのものの特質にある。

全体主義の構造

全体主義はしばしば「暴政」や「権威主義体制」などと混同されるが、アレントは抑圧的な支配体制一般と全体主義の違いを次のように述べている。

権威主義的体制が超越的な権威の担い手を頂点に段階的に構成されたピラミッドのような構造を取っているのに対して、そうした階層制を破壊してすべての構成員が一人の支配者に服従する——支配される者たちは互いに平等であるという意味では「平等主義」的性格をもっている——のが暴政あるいは専制支配である。

これらの抑圧体制に対して、「全体主義」はそうした明確な構造をもたないところ、構造そのものを破壊する「運動」であるところに特徴がある。指導者を中心に広範な大衆を巻きこんでいく運動体の特徴を図にすれば以下のようになる。

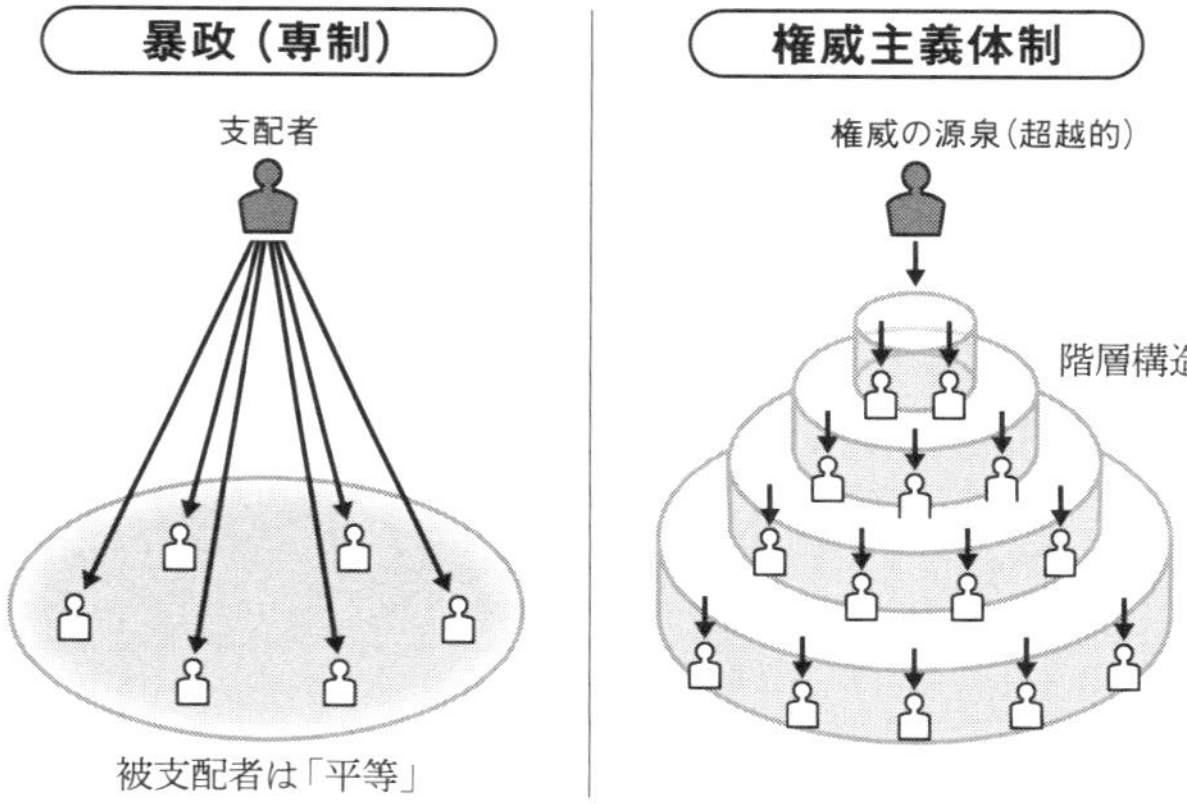

[権威主義体制]
超越的な権威の源泉から権限を付与された人間集団による支配。権威の源泉からの距離に応じて――たとえば宗教的な教義の習得の度合いに応じて――形成された序列（ヒエラルキー）が形成され、命令と服従には一定のルールが存在する。支配や権力行使は無制限、無制約ではない。

[暴政（専制）]
一人の人間（ないし人間集団）が直接に被支配者一人一人を支配する体制。支配者の権力行使のルールやそれを支える階層構造や伝統は存在しない。一人一人の被支配者が直接に支配者に向き合うという意味では「平等」だが、被支配者相互の連帯のための場は存在しない。支配と服従のための明確なルールは存在せず、各人は暴君の恣意や気まぐれに左右される。そこでは暴君の恣意に等しく左右されながら、その意向を忖度して、他者に対しては無理無体な命令をする無数の「小暴君」が生まれるだろう。なお、古代ギリシアの「僭主」（ティラノス）からくる「暴君」と、アジア的な専制君主（デスポット）とは語源も体制のあり方も相違があるが、近代西欧の政治思想、モンテスキューやルソーあたりから両者はほぼ同義語として用いられる。

全体主義

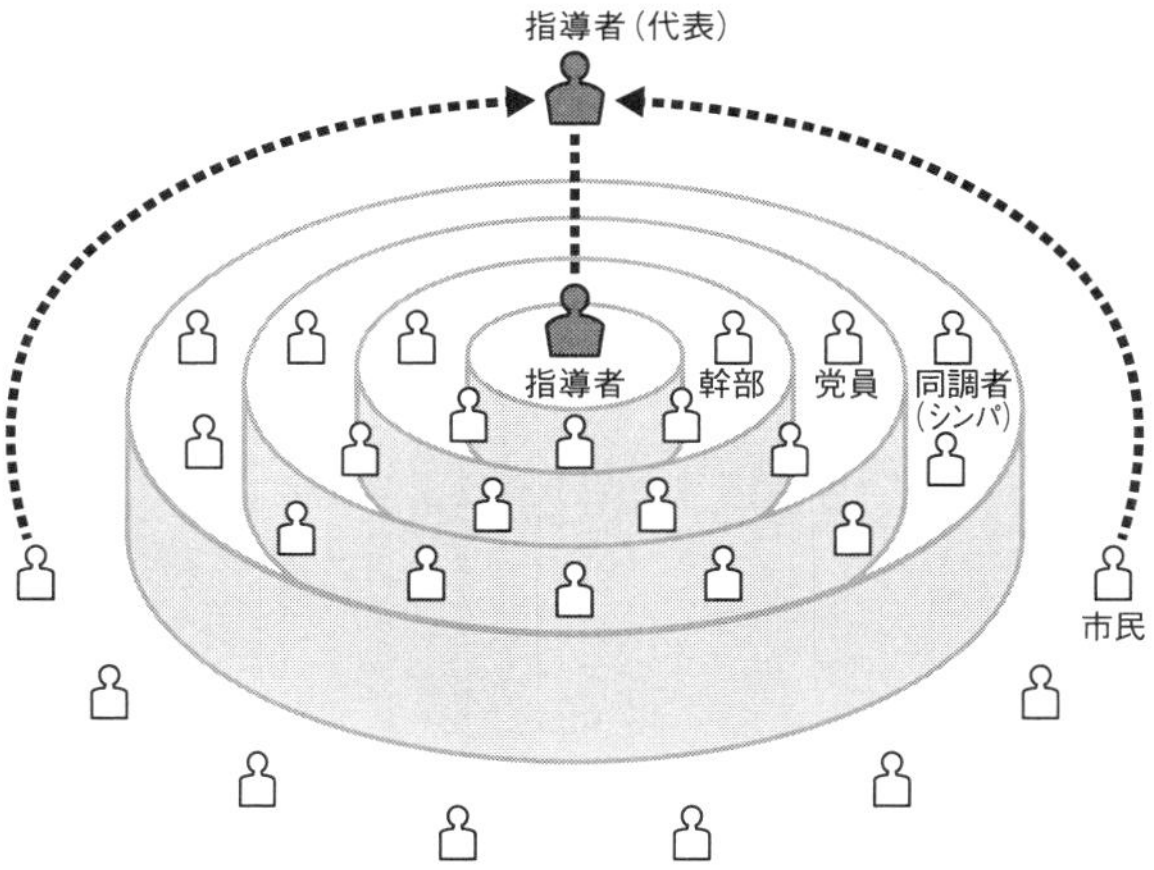

［全体主義］
指導者を中心にある種の階層制をとる――各階層の間に一定の障壁がある――が、権威主義体制のような確固としたヒエラルキー構造をとらない運動体であるところにその特質がある。その意味においては、奇麗な年輪状のバームクーヘンよりも、中心に向かって構成員を巻きこんでいくという渦巻き型のロールケーキのイメージが相応しいかもしれない。そうした目に見えない階層――それぞれの段階で見えている世界の景色は異なる――の中心にいる指導者は同時に対外的に運動全体を「代表」するというかたちで浮かび上がる。これがしばしば全体主義の指導者を「暴君」「専制君主」あるいは「独裁者」と類似した地位に押し上げることになる。「全体主義」の独特の階層構造のために自由主義者には「権威主義体制」との区別がつかないし、保守主義者には「暴政」の一種に見える。自由主義や保守主義の政治思想が全体主義に対して無力な理由はここにある。

全体主義の運動体は、総統からはじまって中心的な指導者たち、党の各級の幹部と一般党員、さらに支持者やシンパなどの団体（フロント組織）が党をとりまいて、玉葱のような形で幾重にも重なる多層的な構造をとっている。それぞれのレベルのリーダーや機関の間には明確な権限配分や境界がなく、彼らの間の勢力争いから生み出されるダイナミズムと混乱こそがその特徴である。運動が政権を獲得した後にはこれに各種の官庁や国家機関も加わって混乱に拍車をかける。ここで重要なのは、運動の各層を構成するリーダーとエリート、一般党員、シンパサイザーの相互の関連である。

「異常なほど多種多様な運動の部分、つまりフロント組織、各種の職業団体、党員、党官僚機構、精鋭組織、警察集団など、これらすべての部分は、それぞれが一面においては正面（facade）となりながら他面においては中心となる形で相互に結びついている。すなわち、運動の外部の層は内側に対して正常な外部世界の役割を演じ、内側の層は外部に対して極端な過激主義を演じるといった具合である。このシステムの大きな利点は、この運動の各層に対してこの運動が正常な世界とは別ものであり、またより過激であることを自覚させながら、同時に、たとえ全体主義的な支配の条件においても正常な世界の虚構を与える点にある」[*2]。

「嘘と軽蔑」のヒエラルキー

指導部を幾層にもわたってとりまく幹部や各種団体の多様な組織が緩衝装置となって、外部の世界から隔離された「虚構の世界」を保障する。ただし全体主義運動においては、中心に行けば行くほどイデオロギーに対する信奉の度合いが強くなるわけではない。

「ここでは、奥義に通じていない市民をフロント組織のシンパサイザーが軽蔑し、騙されやすく過激でもない支持者を党員が軽蔑し、同じ理由から一般党員をエリートの隊列が軽蔑し、エリートの隊列の内に新たな組織が設立され発展していくに伴って同様の軽蔑のヒエラルキーが形成されていくのである」。[*3]

党をとりまく支持者たちは一般市民の無知を馬鹿にするが、過激な運動に自ら加わるほどの度胸はない。もちろん彼らが党の宣伝を信じて熱狂的に支持していなければ、党とその指導者が外部の世界で一定の信用を得ることはできなかっただろう。

これに対して党員は、支持者やシンパのように党の公式声明を信ずる必要はない。むしろそうした外部への説明を信じないよう党内向けのプロパガンダが行われる。「諸君ら党員は一般人やシンパとは違って事柄の本質を見抜く優れた理解力をもっている」という具合に彼らの自尊心がくすぐられる。党員たちも外と内との区別を明確に意識していた。たとえば一九三〇年九月にナチスを支持して国家反逆罪で起訴されたウルム砲兵連隊の士官三名の裁判に証人として出廷したヒトラーが「われわれの運動は暴力を必要としない」と合法性の遵守を宣言したとき、あるいは一九三三年五月にドイツの再軍備要求をめぐってジュネーブの軍縮会議が紛糾している最中にヒトラーが国会で「われわれは平和と友好のうちに他国民と共存することを衷心から願っている」と演説したとき、党員たちはそれが嘘であることを知っていたし、むしろ世論や国家を騙して愚弄するヒトラーに喝采を送り、ヒトラーの手腕や能力に対する信頼を一層強めたのである。

対外的な宣伝を信じない党員に拠り所を与えるのがイデオロギーである。運動の前面にあってさまざまな現実に遭遇したとき、世間や市民の批判や抵抗、対立する敵対者との闘争に直面して、これを過激な手段で排除・粉砕せねばならなくなったとき、その理由を一貫して説明してくれるのがイデオロギーだからである。「われわれがいま直面しているのはユダヤ人や彼らと結託した資本家の最後の抵抗であり、聞こえてくるのは彼らの断末魔の叫びである」と。運動の進展やそこで生まれる抵抗、暴力による凄惨な弾圧も、党員たちの目にはイデオロギーの予言を実現するものとして映るだろう。

「嘘と軽蔑のヒエラルキー」の中心にいるエリートたちにとっては、イデオロギーの示す虚構の世界と現実との齟齬《そご》はもはや問題とならない。むしろ現実と虚構とを区別する能力を根絶するところに全体主義のエリート教育の眼目はある。彼らにとってヒトラーが「ユダヤ人はすべて劣等人種」であると言明すれば、それは「すべてのユダヤ人は殺さなければならない」という命令を意味する。そのような命令を躊躇なく実行に移すことができるのが、エリートの証明なのである。

正常な世界に生きている市民、あるいは彼らと日常的に接している平党員であれば、「ユダヤ人を殺せ」と命令されても、ただちにそれを実行することは躊躇するだろう。「ユダヤ人は劣等人種だから、これこれの理由で国家と社会に害悪をもたらしている」と具体的に説明されて納得しなければ、普通なら犯罪と言われる行動をとることはできない。「ユダヤ人は劣等人種である」という言明を「ユダヤ人はこの世界から抹殺しなければならない」という命令に翻訳して実行するためには、現実世界との接触によって生ずる摩擦、一般市民の非難や平党員の躊躇などを通じて与えられるリアリティの感覚を押し殺して、虚構と現実との区別を抹消しなければならない。

虚構の世界をめぐって展開される全体主義運動の内部では、運動が組織され権力を獲得すればするほど、「虚構」は現実として実現されていくことになるだろう。ここでは運動そのものが、そこに巻きこまれた者たちに――それぞれの階層に応じた――自己承認と擬似的リアリティを与える。運動がダイナミズムを喪失して虚構のリアリティを生みだせなくなったとき、全体主義は崩壊への道をたどり始めるのである。

指導者の役割

全体主義運動においては、指導者の役割も変化する。全体主義の指導者に必要なのは、大衆宣伝におけるデマゴーグとしての能力でもないし、官僚的な組織運営の技術でもない。もちろん全体主義運動の成立の時点においては、多数の人を呼び集める指導者の傑出した能力は必要な条件であるが、運動が多数の者を巻きこんで自動的に展開していく段階になると、指導者個人の能力や資質はそれほど重要性はもたなくなる。全体主義運動において要求される指導者の役割とは何か、アレントは次のように述べている。

「〈指導者〉の最大の任務は、運動のすべての層に特徴的な二重機能を人格として体現することである。彼は運動を外部の世界から守る魔術的な防壁となると同時に、運動と世界とを結びつける橋である。指導者は通常のどんな政党指導者ともまったく異なるやり方で運動を代表する。彼は党員や職員がその公的資格においてなしたすべての行動、作為・不作為に対する人格的責任を引き受けるのである*4」。

全体主義運動の独特の多層的な構造は、外部の世界から構成員をそれぞれの段階に応じて遮断して防護しているが、指導者は中心にいながら外の世界に直接相対して、運動がつくりだす虚構の世界の住人たちを、外の世界の現実から守る守護者となる。外の世界にいる者から見れば、指導者は運動の構成員を代表する存在であり、彼の言動は運動の理念や実態を示すものとして映る。運動の内部の虚構の世界の住人たちと、外の世界から運動を眺めている者たちにとっての見方は異なるが、いずれの側から見ても指導者は運動を代表し、その責任を担うものとして現れる。もとよりそれは、構成員の要求や意志を代弁して運動の理念を世間に訴えるという通常の代表とはまったく異なっている。指導者は運動がつくりだす外の世界と仮構の世界の二重構造そのものを体現するという意味において運動を「代表」するのである。全体主義運動において指導者の存在が不可欠な理由もここにあった。そしてまた、指導者のそうした役割が、全体主義という体制を専制支配や暴政一般としばしば同一視させることになる。

したがって指導者の暗殺は他の体制以上に深刻な影響をもたらすことになる。中心が失われれば運動は失速して、運動そのものの生み出すダイナミズム以外に拠り所をもたない体制は崩壊に向かっていくだろう。

だが、大戦末期のヒトラー暗殺未遂事件（一九四四年七月二〇日）が示しているように、暗殺の失敗は中心部の結束を一時的に強化する。暗殺失敗以降、明確なヒトラー排除の試みがなされることはなくなった。ヒトラー自身が敗戦はもはや必至だと認めざるをえない状況になってもなお、指導層の中からヒトラーを排除して戦争を終結させようとする動きは出てこなかった。彼らもまた事態は絶望的であると認めながら、そしてヒトラーの出す命令の朝令暮改を醒めた目で眺めながら、それを諫める術はないという諦めからか、あるいは英雄的な破滅願望に駆られたヒトラーと心中する覚悟からか、その命令に従っていった。個別に脱落する者は出ても、指導部が全体としてヒトラーの呪縛から解放されることは最後までなかった。国民の大多数が戦争の終結を望み、運動のダイナミズムはもはやほとんど失われて、運動をとりまいていたシンパや支持者の層が一枚また一枚と剝落し、リーダーが一人また一人と脱落していったにもかかわらず、時には脱落者を処刑して切り落としながら体制は破滅へと向かっていった。西側連合国とソ連にドイツ全土が分断されて、首都ベルリンの総統地下壕がソビエト軍の手に落ちる直前にヒトラーが自殺する最後の瞬間まで、その空虚な中心は運動を続けたのである。

テロル——内なる敵の排除

敵対する集団の排除や差別は、およそ人類の歴史と共に古くから行われてきた。敵対集団との闘争の論理が、やがて集団自身の内部に向けられ、内なる敵の摘発と処刑というかたちで行使されるのが全体主義の「テロル」の第一の特徴である。

暴力などをともなう威嚇《いかく》による恐怖政治という意味での「テロル」が歴史の舞台にはじ

めて登場したのがフランス革命であった。そこでは革命の指導者たちが――民衆や、旧体制の構成員に対してではなく――お互いを敵として告発しあう。その結果、指導部がつぎつぎに交替し、より急進的な党派が指導権を握り、それがさらなる粛清をもたらすことになる。

ロシア革命のボリシェヴィキ党のテロルと粛清もフランス革命の指導部が行った自己粛清の後を忠実にたどっている。革命に反対する反動勢力ではなく、自らの党派の内部に、敵に内通する裏切り者を見出して、革命の敵として告発し、拷問によって自白を引き出す。そして罪を告白して「革命万歳」と叫ぶ被告を射殺するというテロルは、革命政党の指導者や幹部にまでおよぶのが特徴であった。

ナチスのテロルも例外ではない。国民社会主義労働者党という名称が示しているように、ナチスも他の社会主義政党と同様に、資本家をはじめとする既得権者の支配の打破、政治・経済体制の根本的転換を主張していた。たとえばその綱領には不労所得の撤廃、戦時利得の回収、トラストの国有化や大企業の利益の分配、土地改革や地代や土地投機の禁止といった社会主義的な要求が掲げられている。マルクス主義に代表される左翼の論理から多くのものを吸収ないし剽窃《ひょうせつ》した「擬似革命的性格」が、旧来の保守政党、反動勢力とナチスとを区別する特徴であった。そうしたナチスの擬似革命的性格は、テロルの行使においても表れている。党の実力行使部隊であった突撃隊の指導者レーム――一時はヒトラーとならぶ指導者と目されていた――をはじめとする突撃隊幹部やナチス左派のグレゴール・シュトラッサーなどを拘束して裁判なしで処刑した「レーム事件」は、運動指導部の自己粛清という左翼のテロルと類似している。

「潜在的な敵」の摘発

だが、スターリンが権力を掌握したソビエト・ロシアや、「レーム事件」以降のナチス体制のもとで進行するテロルは、敵の内通者の摘発というそれまでの左翼に典型的なテロルからさらに一歩を踏み出している。全体主義に特有のテロルが始まるのはここからである。

全体主義体制において秘密警察が主導して行われる抑圧とテロルは、政治的な反対者、反体制派の組織やメンバーが一掃された後に本格的に始まる。秘密警察は危険な思想をもった要注意人物を監視したり、スパイを通じて過激な集団を摘発したりする必要はない。内偵の対象となるような敵が現実に存在しなくなった後に標的となるのは、体制を転覆しようという実際の行為やその主観的意図の如何にかかわらず、客観的な基準から見て「潜在的な危険分子」と判断された人間である。特定の階級や民族、人種などの集団に属する人間が、体制にとって危険な潜在分子、社会に害悪をもたらす腐敗分子であるとして監視や拘束の対象になる。さらに、もともとのイデオロギーに従って「敵」とされた集団が根絶された後にも、状況に応じて新たな「敵」が設定されて、「潜在的な敵」との闘争は際限なく続くことになる。

たとえばナチスはユダヤ人の絶滅の完遂を見越して、ポーランド人の「清算」のための準備を進めていたし、ヒトラーはドイツ民族の「健全化」のために器質的な疾患を有する人間をすべて殲滅する計画を立てていた。ロシアの共産党支配のもとでは、革命前の旧体制の支配階級の子孫の殲滅から始まって、一九二〇年代末から始まる農業集団化の過程では、抵抗する農民は敵対階級としての富農（クラーク）として全面的なテロルの対象となり、一九三〇年代の「大粛清」の時期には、党や国家の幹部から始まって一般党員や幅広い民衆までもがテロルの対象となった。第二次世界大戦の直前から大戦中にかけては、ロシア人でもポーランド起源の者、クリミアのタタール人、ヴォルガ川流域のドイツ人が殲滅の対象とされた。戦争が終結した後には戦時に捕虜となった者や西方に駐屯した経験のある者たちが「危険な傾向の持ち主」として摘発と収監の対象となった。さらにパレスチナでユダヤ人国家イスラエルが誕生した後には、ロシア内部のユダヤ人も対象に加えられている。スターリンの体制が存続していけば、さらに新たな殲滅の対象が加えられることになっただろう。

排除の基準は任意に変更できる

特定の敵や異分子の排除が問題であれば、その人間や集団を拘束して国外追放や強制収容所に送ってしまえば、治安維持という体制の目標はひとまず達成され、少なくとも表向きは「正常」な市民生活への復帰が実現されるはずである。しかしながら「潜在的な敵」の場合には、排除の対象は当局の都合で任意に拡大が可能になる。実際に罪を犯した者ではなく、「犯罪を起こす可能性のある者」を予防的に拘束して処分せよということになれば、潜在的には誰もが摘発の対象になりうる。犯罪や反乱への意図を明確に示す証拠、そうした意図を主観的に抱いたという証拠さえないままに、その人間が一定の人間集団に客観的に帰属しているという理由だけで逮捕されるのである。

特定の集団への「客観的」な帰属の基準は科学的な根拠をもつ必要はない。ナチスの支配下では人種主義的イデオロギーに基づいて、遺伝的形質や系図、その他の身体的特質からユダヤ人であるかないかが判定されて選別され、精神疾患とその症候をもつものが「正常な」精神的資質から逸脱するとされて排除されたが――それが科学的な基準に基づいていたかどうかの問題はおくとしても――排除の理由は生物学や医学など特定の観点からのものとは限らない。むしろ選別と排除の基準が任意に変更できるところにその特徴がある。

「かくして全体主義支配の下では容疑者のカテゴリーは全人口を包括することになる。公式に命令され絶えず変更される路線から外れるものは、それがどんな人間活動の領域であろうと容疑者となる。考えるというその能力のゆえに、人間そのものが定義上容疑者となる。というのも考えるという人間の能力は、すなわち心変わりの能力でもあるからである。その上、他人の心を疑問の余地なく知ることなど不可能なので——だから拷問というのは不可能なことを達成しようとする永遠に絶望的な試みなのである——もし何らかの共同の価値や確定的な利益が社会的な（たんに心理的なものとは違う）リアリティをもつものとして存在しないならば、嫌疑は決して晴れることがない。それゆえ、相互の猜疑心が全体主義国のあらゆる社会関係に滲透《しんとう》して、秘密警察の特別の限界を超えてすべてに滲透する雰囲気を作りだしてしまうのである*5」。

「潜在的な敵」の対象が際限なく拡大されて、誰もがその対象となるような社会では、テロルとそれにともなう恐怖も人々にとってあまり意味をもたなくなる。いつどこで自分が逮捕されて抹殺されるかもしれないという恐怖も、それが日常化してしまえば、人はやがて恐怖から逃れることさえ諦めるようになる。皮肉なことに、全体主義による秘密警察の支配の全面化は人々を駆り立てる手段としての「恐怖」の有効性を失わせてしまうのである。恐怖の回避が自分の身の安全を守るための行動原則として役立たないような世界では、人はその時々の刺激に反応するだけのパブロフの犬のような存在になるだろう。やがてはそうした刺激にさえ反応しなくなる。強制収容所で進行していたのはそのような事態だった。そこでは人は死体になる前に「生ける屍《しかばね》」と化していたのである。その意味においては絶滅収容所を「死体製造工場」という比喩でさえ、まだ不十分である。

「慈悲による死」

特定の人間集団の排除は必ずしもその集団に対する差別意識や憎悪をともなうわけではない。人種差別その他の差別感情に原因を帰して、差別意識の表明や差別を教唆《きょうさ》する発言のみに注目することは、全体主義の下で進行するテロルの実相を捉え損なうことになるだろう。

アウシュビッツをはじめとする絶滅収容所で使用される毒ガスによる殺戮という方法も、最初からユダヤ人に対して適用することを想定して開発されたわけではない。もともとは慢性的・末期的な疾患を持つ病人に対する「安楽死」の方法として準備されたものだった。一九三九年の開戦と同時にヒトラーは「不治の病人には慈悲による死を与える」という布告を出して、重度の障害を持つ児童や精神障害者などを対象とする「安楽死」措置が進められることになった。「これ以上生きていても仕方のないような病人は、速やかに死を迎えさせてあげるのが本人のためである」と、療養施設にシャワー室と称してガス室が設置され、一九四一年八月までにおよそ七万人が犠牲となった。この手法がユダヤ人の強制収容所へと施設や技術者とともに転用されたのである。

一九四一年の独ソ戦開始にともなって、東部戦線では親衛隊（ＳＳ）を中心とした「特別行動部隊」がパルチザンや共産党員の摘発とともにユダヤ人の殺害を行っていた。これが次第に「ガス殺」の方式に転換されたのは、銃殺による大量処刑には手間がかかるばかりか、射殺する隊員の側にも大きな「精神的負担」がかかるという理由からであった。彼らの負担を軽減するためにも、より「人道的」な処刑方法が求められたのである。

もちろんナチス支配下で実行されたガス室での「安楽死」が人道的な「慈悲深い死」だというのは、実態を覆い隠すレトリックでしかないが、「安楽死」という方策がユダヤ人のために開発されたものでなかったことに注意する必要がある。そもそもユダヤ人のような「劣等民族」に「慈悲による死」が必要だとは想定されていなかった。だからユダヤ人に対する差別がまずあって、それが原因でガス室による大量殺戮という「非人道的な」方法が考案されたわけではない。したがって、たとえユダヤ人に対する差別意識が除去できたとしても、大量殺戮への道を閉ざすことにはならない。大量虐殺へと導く全体主義のテロルは個別の人間集団に対する差別や憎悪を超えて進行するからである。

「生きるに値しない命には慈悲による死を」という「安楽死」の問題についても、身体障害者や精神障害者に対する差別とはひとまず区別して考えるべき問題が含まれている。たしかにナチス政権のもとで、「障害をもった人間の遺伝的形質は健全な人間の維持・育成のために淘汰《とうた》すべきである」という優生学の思想に基づいて断種（不妊手術）や安楽死の計画が促進され、ナチスはそれを支配に利用したし、他方で多くの学者や医者が権力への追従や自らの研究や業績への意欲から積極的に協力したのは事実である。しかしながら、科学技術や医療が進み、遺伝子操作その他の技術によって「生命の選択」に人間の手が届こうとしている現在、人類は「生きるに値する命」とは何か、「人間に相応しい生」とは何かという問いに直面しつつある。その問いにナチスと違った答えを与えられるかどうかが、全体主義の再来を阻止する一つのカギになるだろう。

秘密警察、そして相互監視の地獄

したがって強制収容所における大量虐殺、「死体工場」のおぞましさにばかり注目していては全体主義の本当の恐ろしさを見逃すことになる。

弾圧を逃れて地下に潜った反体制派をさまざまな手段——脅迫や買収、スパイや内通者を利用した内情の把握、さらに挑発や使嗾《しそう》によって過激な分子をあぶり出して逮捕すること等々、表だって用いることのできない非合法ないし脱法的な捜査を用いるのが秘密警察の「秘密」たる所以であった。そうした方策は、内乱や国家転覆に対する予防措置、治安対策としてさまざまな体制において行われてきたが、全体主義体制においては「秘密警察」が前面に出ることになる。

そこでは「秘密警察」が――なかば「公然たる秘密」の存在となって――社会の隅々にまで浸透する。いまやすべての市民が「潜在的な敵」として摘発の対象となる。実際に犯罪を犯さなくとも、一定のカテゴリーによる差別と選別が行われて、「潜在犯」としての基準を満たした者は隔離される。市民は自分がそうした選別の対象とならないか、自分の中に「内なる敵」がいないか、たえず自分自身を監視せねばならなくなる。

それだけではない。誰もが自分の無実を証明しなければならない社会では、人は他人を告発して体制に忠実な市民であることを示さなければならない。そのような相互監視社会では、それまで「秘密警察」が用いていた脅迫や買収、内通者などの古典的な手段がいっそう猛威を振るうことになるだろう。ありとあらゆる人間的な交流や会話が監視と密告の対象となる。ナチス体制の崩壊後にソ連の支配圏に組み入れられた東ドイツで組織された国家保安省（シュタージ）は、本家ソ連の国家保安委員会（KGB）やナチス体制下のゲシュタポをもしのぐ規模の秘密警察となり、およそ九万人の保安省の職員が一七万人の協力者・密告者を組織していたと言われている。「壁の崩壊」後に残された膨大なシュタージ文書には、市民の職業生活から家庭内の私生活にいたる細々とした個人情報が職場の上司や同僚、家族や友人などから集められて収録されていた。

今日のインターネットや携帯電話などの通信技術やメディアの発達は、通信の検閲や盗聴といった古典的な秘密警察の手法の革新をもたらして、相互監視や摘発のための新たな手段を与えることになるだろう。何気ない会話や通信で使用された特定の用語や言語の検索から要注意人物のリストが作成されて、煽動的な書き込みへの反応から危険人物の特定が行われる。各種の防犯対策、セキュリティ対策と称して設置されてきている防犯カメラやその他のセンサーにセキュリティ・チェックのシステムを組み込めば、ストレスを過剰に抱えて攻撃的になっている要注意人物をマークすることは今日でも可能である。

これらの情報ネットワークを集約することによって、個人の意図や意志に関わりなく社会にとって危険な「潜在犯」を選別して監視するシステムの成立は、すでにディストピアではなく現実のものになりつつある。そうしたテクノロジーの上に新たな形の全体主義が現れることは十分に考えられる。

第４章　全体主義が破壊するもの

それでは、全体主義の到来を阻止するためには何が必要だろうか。

全体主義に抗して、人間の本来のあり方を取り戻すためには、そもそも全体主義が破壊するものは何かを明らかにする必要がある。

人間関係の網の目としての「世界」

アレントは著書『人間の条件』の中で、人間の行う「活動」(activity)を、「労働」(labor)、「仕事」(work)、「行為」(action)に分類している。

生命維持のために必要な食糧その他の物資を生産して消費する活動が「労働」である。「労働」が、自然との物質代謝という生命活動の中に完全に組み込まれているのに対して、自然の素材に手を加えて具体的な物を制作する活動が「仕事」＝「制作」である。これは自然の循環過程に一時的に抗して人間が居住する「世界」の土台を建設する活動である。

「労働」と「仕事」が基本的には自然が与える素材を相手にした活動であるのに対して、「行為」は人間同士の間で行われる活動であるところに特徴がある。人間が生きて行くためには三つの活動が相互に支え合って行く必要があるが、アレントにとって、人間を人間として成り立たせているもの——他の生物や動物とは異なる人間特有の活動——こそ、人間が他の人間と共に行う「行為」であった。自由な市民が協力し合い、時には対立し、競い合う政治の営みはその典型である。「行為」というのは、人間がみずからの意志に基づいて行う営みであるという点において、しかも他者との相互関係によってその結果が左右されるという点で「予測不能」であるところに最大の特徴があった。

「人間事象の領域というのは、厳密に言えば、網の目のように張りめぐらされた人間関係のネットワークであって、人間が共に生きているところにはどこにでも存在する。言論によって「何者であるか」を開示すること、行為によって新たなことをはじめること、これらはすでに存在している網の目の中で行われ、結果は直ちにこの網の目に現れる。言論と行為によって始まった新たな過程は最後には新たに参入した者の唯一無二の生涯の物語として姿を現すが、それはまた彼が接触したすべての他者の唯一無二の生涯の物語に影響を及ぼすことになる。ほとんどの行為がその当初の目的を達成できないのは、すでにそこには人間関係の網の目が存在していて、無数の意志や意図が対立しあっているからなのだが、他方では、人々の意図を超えた人間関係の媒体としての性質があるからこそ、その網の目の中でただ一つ現実的な活動としての行為が、ちょうど仕事における制作が手に触れることのできる実体的な事物をつくり出すのと同じように、その意図の如何にかかわらず自然に物語を「生みだす」のである」[*1]。

人は自らの「行為」によって、他人との間に網の目のような関係をつくり出す。行為はその関係の無数の網の目から成り立つ「共通の世界」の中で行われ、「共通世界」は人々の行為を通じてのみ存続する。

人間関係の網の目の中で、人々はそれぞれの意図や動機にしたがって行動するが、意図した目的がそのとおり実現することはほとんどない。「行為」が他の人間からまったく切り離された事物に関わるのでなく、他者との関係においてなされるものである限り、行為は他者の反応に依存するからである。一人の行為は他者に影響を与え、他者の行為がさらに影響を及ぼすというかたちで、相互作用は無限に連鎖をくりかえす。しかもその範囲は波紋のように拡がっていく。そこで営まれる一人一人の人生はたしかにその人の人生だが、それが本人と社会にとってどのような意味をもつかは本人の意図を超えた相互作用の結果によって左右される。一つの行為の意味はその結果がある程度明確になってからでないと明らかにならないし、一人の人間の人生の意味は、その人が死んでこの世界から退出してはじめて完全なかたちで示される。

人の人生は本人が生みだした「物語」だが、それを語るのはその人自身ではない。何人《なんぴと》も自分自身の人生を意図してつくりだすことはできない。これもまた行為の「予測不能」な特質のもたらす結果である。そのような意味において不確実な行為を支えて、一人一人の行為と人生に意味を与えるものこそ、人々の間に形成される「共通世界」であった。

「公的空間」「私的空間」の区別がなくなっていく

「共通世界」が人々の間に安定して成り立つためには、一定の条件と基盤が必要である。たとえばテーブルのように、人々を結びつけると同時に互いの間に適切な距離を置く介在物がそこには要る。人は満員のエレベーターでは互いの顔を見ない。相手の顔をまじまじと見つめればトラブルの原因になるだろう。だから雑踏では互いに無関心を装いながら通り過ぎる。テーブルがあれば、人は立ち止まって他人と相対することができる。そこで人は互いに人間として向き合う。互いの姿形が見え、互いの声が聞こえるところで議論したり、共に行動したりすることではじめて人は自分自身の存在を確かなものとして感ずることができる。「仕事」の制作物はそのようなかたちで「世界」の土台となるのである。

「行為」の場としての「共通世界」は、お互いに一人の個人として自らの姿を現す「公的空間」である。そこでは誰もが自分の姿を相手の前にさらけだす。誰からも見られる空間で、誰からもその声を聞かれてはじめて、人は自分自身の存在と自分がいま生きている「世界」をリアルなものとして感ずることができる。現れの空間としての「公的な空間」は、「世界」と自分自身のリアリティを保障する場であった。

「自分自身のリアリティ、自分という唯一無二の存在のリアリティ、そして自分をとりまく世界のリアリティを疑問の余地なく確立するためには、現れの空間、言論と行為を通じて一緒にいることに対する信頼がなければならない」[*2]。

そうした空間が成り立つためには、椅子やテーブルだけでなく、空間そのものを区切って支える場が必要である。古代ギリシアやローマにおいて政治の場は、家と家の間の広場であった。壁や塀に囲まれた家の内部は外からは見えない空間であり、人はそこで家族や親しい友人達との時間を過ごす。「私的」＝プライベートな空間とは、特定の人々だけが参入できる空間であり、そこで私的生活を十分に保障されてはじめて人は「公的な場」で自らの姿を現して、自分の声で発言し、他者と討論したり協力したりすることができる。「公的空間」の存在は「見せるべきもの」と「隠しておくべきもの」との区別の上に成り立っているのである。

近代の経済発展や技術の進展はそうした区別を取り除く。家の壁を前提とした通信手段であった手紙が電話になり、ラジオやテレビの導入は外に開かれた家の窓を広げていく——ヒトラーやルーズベルトはラジオ放送で国民に直接語りかけた——。インターネットなどの双方向通信は家の壁を最終的に取り払ってしまった。

そうした通信技術の導入は公と私の区別そのものを解体する。今日人々はインターネットやSNSで自らの私生活に関する情報まで見知らぬ不特定多数の相手に発信する。他方でインターネットの仮想空間で人は自分とは別の人物を装うことができる。そうした状況のもとで「世界」、すべての人が互いに人間として相対する「公的空間」を維持していくためには、何が「見せるべきもの」で何が「隠しておくべきもの」であるのか、その区別は何か、それを支える基盤はどこにあるかを明らかにする必要がある。そうした区別とその基盤が見失われれば、人々の間に形成されるべき「世界」とそのリアリティも失われるだろう。

判断力の基礎となる共通感覚

人々の間に形成される「共通世界」はたえず変動し、変容していくが、それが共通のものとして受け継がれていくためには一定の了解が必要である。そもそも人間の行為は、他者に向けられたものである限り、その意味や意図が理解できるものでなければならない。そうした了解を可能にする基盤となるのが「共通感覚」である。

もともと「共通感覚」というのは、人間がもっている感覚(視覚・聴覚・触覚・味覚・嗅覚)のいわゆる五感を統合する上位の感覚のことを指している。人はさまざまな感覚器官から受けとった情報を総合して、外部の世界と自分との関係を確立すると同時に、内部の感覚を統御して一人の人格となる。これを司るのが「共通感覚」なのである。

そうした「共通感覚」の形成は、個人が独力で出来ることではない。自分が何者であるかは他人の目や耳を通してでないと分からない。人は他人との交流を通じて、自分自身のさまざまな感覚を一人の人間のそれとしてまとめあげていくのである。それは他人との間に一定の了解事項を形成する作業でもある。人はそうした了解事項、必ずしも明文化されない慣習や伝統の中で生きている。「共通感覚」の英語表現であるコモン・センスが「人々に共通する感覚」つまり「常識」を意味する言葉として用いられているのはここに理由がある。

「共通感覚」が重要なのは、たんに他人との日常的な了解やコミュニケーションを可能にするからではない。それが物事の善し悪しをはかる判断力の基礎となるからである。

「共通感覚は、その想像の能力によって、実際にはそこにいないものを目の前に描き出すことができる。カントの言うように、それはどんな人間の立場にでも身を置いてものを考えることができる。誰かがこれは美しいと判断するとき、たんにそれが自分にとって心地よいと（例えば、チキン・スープは自分には美味しいが、他の人はそうではないかもしれないと）述べているだけでない。判断の際にはあらかじめ他人を想定して、彼らの同意を求めているのであって、だから自分の判断は普遍的とまでは言わないとしても、ある程度の一般的な妥当性をもつことを期待しているのである[*3]」。

人間は目の前にいない他者を想像して、彼らの同意を求めながら物事を判断している。カントは『判断力批判』で味覚や美醜についての判断、趣味判断や美的判断をこのようなかたちで論じたが、それは善悪についての判断にも当てはまる。われわれは心の中に他者を想定することによって、彼の同意が得られるかどうかをたずねながら自分の行動を判定している。いわば自分の中のもう一人の自分、自己の中にいる他者との対話こそが、行動の善し悪しを判断する基準であり、悪への誘惑を振り切って踏みとどまる最後の拠り所もここにある。自分の中での「内なる他者」と行われる対話こそ、人が「良心の声」と呼んでいるものにほかならない。

人が善悪を判断できなくなるとき

アレントはさらにこう述べている。悪事を為せば、人はその悪事を為した自分と一生付き合っていかなければならない。だから自分の中のもう一人の自分は言う。「どうか殺人者にはならないで欲しい、自分は人殺しと共に生きていきたくはない」と。人が悪事を思いとどまるのは、誰か他人が見ているからでも、超越的な神の処罰が怖いからでもない。誰も見ていなくても自分自身が見ているからだ、と。

だがそうした「良心の声」が働くためには、自分の中のもう一人の自分、想像上の他者のモデルとなるような人間が存在しなければならない。かりに周囲には存在しないとしても、頼りにできる仲間がどこかにいなければならない。その意味において、善悪についての判断は、判断を共にできる人間をどこに求めるかという問題なのである。

対話の相手は今ここにいる人間でなくてもいい。遠く離れた人間、すでに死んでしまった人間、あるいは架空の存在であっても、判断を共にする相手がいれば、人はその相手を想定して対話をすることができる。相手の同意を求め、疑問や異論に答えるかたちで、自分はどうしたらいいかを考えていく。そうした仲間がどこにも見出せなくなったとき、人は善悪を判断する拠り所を失う。それと共に自分自身の存在を確認する拠り所も失われるだろう。

人間を人間として成り立たせているのは、人々の間に結ばれた有形無形のつながりによって形成される「共通世界」である。「共通世界」の中で他者とのさまざまな活動を通してはじめて人は自分自身の存在を確かめることができる。他者の承認を通して自分自身が何者であるかを明らかにすることができる。物事を判断するための「共通感覚」もそうした他者との関係がなくては育成することができない。

全体主義が危険なのは、そうした人間関係を成り立たせている「共通世界」を破壊して、人々からまともな「判断力」を奪ってしまうからである。

論理による強制――イデオロギーの変容

一人一人バラバラに切り離されて、一切の拠り所を失ってしまえば、われわれは自分自身の居場所どころか、自分自身が何者であるのか分からなくなる。他者との間で形成されるはずの「共通感覚」が失われれば、何が正しく、何が間違っているのかの判断はもちろん、自分の感覚が信じられなくなり、ついには自分が生きているのかどうかさえ確実には思われなくなる。「共通感覚」の喪失はいずれはそうしたところへ行き着くだろう。

近代社会は、他者から切り離され、内面的にも解体された人間を大量に生み出すことになった。今日、互いに無関係、無関心な人間の集積としての「大衆」は、われわれ自身の姿である。多くの人でごったがえす雑踏の中で佇んでいるわれわれは、無用な衝突を避けるという以上の注意を他人に払うことはない。満員電車にゆられているときにはそうした距離さえとることが叶わない。そうしたバラバラで孤独な人間の集積に全体主義のイデオロギーは働きかける。そこで人々を動かすのは「論理による強制」である。

「人間の精神の能力で、確実に機能するために自己も他者も世界も必要とせず、経験にも思考にも依存していない唯一のものは、自明性をもってその前提とする論理的推論の能力である。否応のない自明性の基本的原則、2＋2＝4という自明の理は、絶対的な孤立のもとにおいてでも歪められることはない。これは、人間が経験するため、生活するため、そして共通の世界の中で彼らの進むべき道を知るために必要とする相互的な保障を失ったとき、すなわち共通感覚を失ったときにもなお頼ることのできる唯一の信頼できる〈真理〉なのである」。*4

全体主義運動の中核となるモブやエリートを惹きつけるのが運動それ自体を目的とする「行動主義」であるとすれば、大衆はイデオロギーが呈示する論理的な必然性に身を委ねる。ナチスの人種主義のイデオロギーは大衆にこう呼びかける。「人種間の闘争は自然の法則である」。あるいはスターリン体制のマルクス主義のイデオロギーはこう呼びかける。「階級闘争は歴史の必然である」。「だからあなたはその必然に従うしかない。さもなければあなたは敗者の一員として没落するだろう」と。

2＋2＝4という数学的な計算のように誰もが認める自明の論理、有無を言わせず服従を強制する論理こそが、もはや経験を頼りにこの世界で生きていけなくなった大衆にかろうじて生きる方向を示すことができる。そこではもともとのイデオロギーがもっていた理念や目標、そこにいたる筋道といった政治思想としての内容は脱落している。

一九世紀のイデオロギーの場合には、まだ人々に世界の意味と自分の位置を知らせる「世界観」があった。だが全体主義による動員のための手段となると、イデオロギーはこの世界で他の人々と共に生きていくための指針ではなくなる。イデオロギーがもっていた実体的内容は「観念」の論理的強制のなかに呑み込まれてしまうのである。

全体主義の支配に抗するための「行為」と「空間」

もちろん厳密に言えば、2＋2＝4という数学的な論理の強制力と、人種主義や階級闘争の「必然性」とは性質がまったく異なっている。

数学的な論理はすべての者が認めざるをえない必然的な論理である。個人の能力によって計算が遅いか速いかの差はあっても、その人の頭脳に欠損がない限り、出てくる結論は一つである。これに対して、「人種の優劣」や「階級闘争」の論理は、一九世紀の自然科学や生物進化の理論から借りてきた「進化」や「発展」の法則を人間社会に当てはめた「擬似的法則」あるいは「類推に基づく法則」でしかない。だが、そうした「擬似的法則」であっても、バラバラにされた大衆にとっては唯一の拠り所となりうるとアレントは言うのである。

今日、「人種の優劣」や「階級闘争」などという理論は「時代遅れ」だと言われるかもしれないが、それに代わるイデオロギーの可能性がないわけではない。たとえば「人間は生まれながらに人類という種族に属する個体としては等しい」という自然的事実に基づいて、「だからすべての人間は平等でなければならない」という議論は、なかば自明のことと受けとめられている。もっとも同じ「自然的な平等」という事実からは、「だからこそ各人の努力の成果はその人個人の権利であって、努力に基づいて生まれた差異は尊重されなければならない」という正反対の論理も導き出せるのだが、いずれの論理も、「人類社会の福祉」あるいは「人類の進歩」という擬似的法則によって人を強制するイデオロギーとなりうる性質を備えている。人が自分の経験に基づいて自分の頭で考えることを止めて論理の強制に身を委ねるなら、それに異を唱える者を「人類進歩の敵」、「人間社会に害をなす異分子」として排除する全体主義のイデオロギーが生まれてくる可能性は十分にある。

だが、そうした「論理による強制」は、数学的な論理の強制や自然の法則とは「似て非なるもの」であり、そうであるからこそ、抵抗することは可能なはずである。

人間は論理的な推論に完全に取り込まれてしまう存在ではない。複数の人間の相互作用の中で行われる行為は、法則に基づく推論や予測からたえず逸脱して新たなものを生み出していく可能性を秘めている。予想もつかなかったことを始める人間の能力は、イデオロギーによる「論理の専制」を打破することができる。全体主義の支配に抗するためには、人びとが自らの「行為」によってどれだけ自由な「運動の空間」をつくり出すことができるかにかかっているのである。

第5章　抵抗の拠り所としての「事実」

全体主義に抗して自由な「運動の空間」をとりもどす手がかりはどこにあるのだろうか。それはわれわれが自らの「行為」によって生みだした「事実」の内にある。

陰謀が「真実」に見えるとき

全体主義のイデオロギーも、まったくの虚構では人は動かせない。「人を騙すには嘘の中に少しばかりの真実を紛れ込ませておかねばならない」と言われるように、人々を運動に巻きこんでいくためには、イデオロギーがつくり出す虚構の世界と現実とをつなぐ一かけらの事実が必要となる。

「統合されずバラバラにされた大衆——不幸に見舞われる毎にますます騙されやすくなっている大衆——がそれでもなお理解することのできる現実世界の徴《しるし》は、いわば現実世界の裂け目、つまり誇張され歪曲された形ではあれ急所を衝《つ》いているがゆえに誰もあえて公然と議論しようとはしない問題、誰もあえて反論しないような噂である」[*1]。

ナチスの全体主義のイデオロギーが利用した「現実世界の裂け目」、すなわち虚構と現実世界とを結び付ける「急所」の一つが「ユダヤ人の陰謀」という噂であった。なるほど「ユダヤ人が世界支配の陰謀を企てている」というのは荒唐無稽の話に見える。だがロスチャイルドをはじめとするユダヤ系財閥が金融などをつうじて時の政府や経済に一定の影響力をもっていたことは事実である。富と影響力を獲得したユダヤ人の上層階級の第二世代の多くが作家、文化人などとして名をなし、さらには新聞やマスコミなどのメディアで活躍していたことも事実である。他方でユダヤ人などの差別にかかわる「微妙な事柄」については公共機関やメディアは往々にして語りたがらない。

まさにそこから「マスコミは自分たちに都合の悪い事実は隠蔽して、耳あたりの良い話ばかりを報道して世論を一定の方向に誘導しているのではないか」というかたちで人々は虚構と自分の実感とをすりあわせていく。公的機関が陰謀の存在を否定し、マスコミがユダヤ人のような「微妙な話題」を敬遠すればするほど、ユダヤ人を中心とした支配層の陰謀とマスコミによるその隠蔽という噂は広まるだろう。ユダヤの陰謀計画を示すといわれる「シオン賢者の議定書」という有名な偽書が広く流布したのも、人々がそこにある種のリアリティを見出したからである。

すでに述べたように一九世紀末に顕著になる反ユダヤ主義の背景には金融スキャンダルとそれに絡んだ政界・官界の汚職があり、そこには実際にユダヤ系の金融ブローカーが関与していた。なけなしの財産を投機で失った中産階級や下層階級の人々が、その矛先をユダヤ人金融資本家に向けたのもそこに理由があった。一部の特権階層への富の集中は、そこに参入して巨額の富を手にしようとする者、さらにそのおこぼれを得ようとする者たちを引き寄せていく。彼らはすでに既得権を得ている者なら危なくて近寄らないような儲け話や、違法行為・脱法行為にもたやすく手を染める。パナマ運河をめぐるスキャンダルに関与していたのも、ロスチャイルドのような特権階層に属する金融資本家ではなく、新たに参入しようとする新興のユダヤ人ブローカーだった。事件によって露見した政財界の汚職は、ユダヤ人の陰謀というストーリーにリアリティを与えることになったのである。

今日のグローバリゼーションによる人や資金の国際的な移動が、もっぱら利潤の追求という資本の論理にしたがって進められて、社会階層間や民族・人種間の格差の拡大のみをもたらすならば、陰謀論の豊かな土壌となることは間違いない。

「共通世界」のリアリティを保つには

われわれが人間として生きていくために、本当に必要な「共通世界」は、そのような陰謀論の世界とは決定的に異なっている。

「共通世界という条件の下でリアリティをまず第一に保証するのは、世界を構成するすべての人間が「共通の本質」をもっていることではない。立場の違いとそこから生ずる多様な見方にもかかわらず、誰もが常に同一の対象に関わっているという事実こそがリアリティを保証するのである。対象の同一性がもはや確認できなくなれば、共通の本質をもちだしても共通世界の解体は阻止できない。ましてや大衆社会の不自然な画一主義によって取り戻すことなどできない相談である」[*2]。

われわれに「世界」のリアリティを保証してくれるのは、関連するすべての人間が「共通の見方」をすることではない。すべての人間が世界について同じ見方、画一的な見方をとるようになれば、「共通世界」とそのリアリティは崩壊してしまう。全体主義はまさにそうした事態を実現しようとする。

だが、一人一人の人間が自分自身の目でものを見る限り、すべての人間が同じものの見方をすることは原理的にありえない。われわれが生きているこの世界において、時間と空間を特定すれば、まったく同一の場所に複数の人間が同時に存在することは物理的にありえないように、一人一人の占める場が違えば、そこから見える景色も異なってくる。皆が同じ視点から画一的な見方をするのではなく、それぞれの立ち位置は違うけれども、同じ対象を見ているという事実こそが重要なのだ。自分たちが見て、聞いて、あるいは触れている対象が同一のものである、論じている対象が同じ出来事やその結果であることが確実であってはじめて、われわれは自分たちが生きているこの世界が実在のものであるという信頼を得ることができる。だからこそ、「見方は違い、目に映る景色は違っても、同じ対象を見ている」という保証、われわれが共に見ている「事実」が確かに存在しているという保証が「世界」のリアリティには必要とされるのである。

スモレンスク機密文書が示すもの

全体主義がその「虚構の世界」に人々を取り込んでいくためには、現実世界との通路となるような「事実の断片」が必要であるように、現実世界で起こった事実を完全に隠蔽することは不可能である。全体主義体制における事実の組織的な隠蔽と系統的な捏造がもたらす困難を示す事例として、アレントは「スモレンスク文書」を挙げている。

スモレンスク文書とは、第二次世界大戦中にドイツ軍がドニエプル川上流のスモレンスク州を占領していた時期に押収したソ連共産党の組織文書である。スモレンスク郊外のカチンの森で、ソ連の捕虜となって殺害されたと見られるポーランド将兵の多数の遺体がドイツ軍によって発掘されている。有名な「カチンの森事件」であるが、アレントが注目しているのはスモレンスクで発見された一九三五年のロシア共産党組織の覚書の方である。

そこでは過去の党大会の記録、スターリンが実権を握る前にライバルであった指導者たちの記録、ソビエトに敵対する反党分子として粛清されたジノヴィエフ、カーメネフ、ルイコフ、ブハーリンなどの演説や文書についての抹消の指示が記されていた。

「厄介なことに、記録を修正しようとする人は、本当の物語の代用品として自分たちが提供した虚偽に絶えず変更を加えなければならない。情勢が変わるごとに次々と歴史書を替え、百科事典やレファレンス・ブックの頁を差し替え、或る人物の名前を消して以前は無名であるかほとんど知られていなかった別の人の名前に書き直す必要が生ずる」[*3]。

起きてしまった事実、都合の悪い事実を完全に隠蔽するためには、過去の記録にまでさかのぼってその痕跡を一つ一つ抹消しなければならない。スモレンスクの党機関の機密文書は、スターリンが全権を掌握した段階でそうした作業のためにどれだけの努力が注がれたかを示している。具体的な抹消箇所を事細かに検討して、それを秘密文書に残したこと自体が、その必要性とそれにともなう困難とを物語っている。

事実の「完璧な抹消」は不可能

そうした作業はその本質からして際限がない。たとえスターリンが盤石の体制を確立していたとしても、対外的な状況の変化は絶えず生ずるだろう。

ドイツとの関係だけをとってみても、一九三九年八月の独ソ不可侵条約とそれに基づくポーランド侵攻の当時同盟国であったドイツは、一九四一年六月の独ソ戦開始以降は敵国となる。それに応じた外交政策の転変は、国内指導者間の関係を変化させる。そうした変化に応じて、党や国家の公式記録は絶えず修正や変更を迫られることになる。変更は時には党や国家の設立以前の歴史記述にまでおよぶだろうし、指導部が交替したり、失脚した指導者が復権したりした場合には、削除された記述の復活も必要になる。一つの事実を隠すための嘘がさらに嘘を呼び、虚構の上に虚構を積み重ねる。だがそれも状況が変われば砂上の楼閣のように崩れていくだろう。

ここには、スターリン時代のような全体主義体制においても、情報の統制と事実の隠蔽がいかに困難であったかが如実に示されている。本来的に「予測不能」な人間の「行為」が行われる政治の場で、不都合な事実を隠蔽するために情報を完璧に統制することは、どんなに強権的な体制でも不可能なのだ。

その意味においては、時々の政府やその背後にいる集団による情報統制といった試みを一口に「全体主義」であると批判することは、事態の本質を見誤ることになるだろう。一方的で一元的な情報統制の体制としての「全体主義」というのも虚偽のイメージの一種であり、そこには「陰謀論」の落とし穴が潜んでいる。

真理を認めないシニシズム(冷笑主義)

「起こってしまった事実」の隠蔽という、不可能なことを求める努力の行き着く先に待っているのは何か、アレントはこう述べている。

「しばしば指摘されていることだが、長期にわたる洗脳状態から確実にもたらされるのは一種独特のシニシズムである。すなわち、いかなる真理であれ決してそれを信じないという態度、どんなに明白に立証された真理でも決して真理とは認めないという態度である。言い換えれば、事実の真理を系統的かつ全面的に嘘と取りかえることによってもたらされるのは、その嘘がいまや真理として受け容れられて、真理が嘘に貶められるという事態ではなく、むしろ、われわれが現実世界で自分のいる方位を見定めるための感覚の破壊である――真理か虚偽かというのはそうした精神的手段の一つなのである」[*4]。

隠蔽と虚構の捏造が繰り返され、それまで真理とされたこと、事実とされたことが突然何の説明もなく否定される状況の中では、「本当のことなど何もない」というシニカルな態度が蔓延する。しかもそれは、自分を安全地帯において、嘘をめぐって右往左往する人たちを冷笑するような生やさしいものではない。自らもその嘘の渦に巻きこまれながら、どんなに説得力ある真理でも、どんなに確実な事実でも、本当だとは決して認めない独特の態度である。全体主義の「虚構の世界」で長期にわたって洗脳されていけば、そうしたシニシズムが蔓延していくだろう。

自分の拠り所がわからなくなる恐ろしさ

そこから生まれてくるのは一切の方向感覚の喪失である。「何も信じない」という態度には、その頑なさとは裏腹に、依拠すべき何ものも残されていない。自分が出会う人物や物事が「本物か偽物か」という基準は、それがどんなに粗雑で漠然としたものであっても、人に当面の行動や自分の向かう方向を示す拠り所であった。およそ「真理」と「虚偽」という基準それ自体を拒否してしまえば、自分自身のおかれた位置も、自分がどちらを向いているのかさえ分からず、やがては自分自身の存在すら怪しくなるだろう。事実はそれが厳然としてそこにある、そのことだけで、人に自分の位置と方向を示す手がかりを示す。かりにその事実に人が反発したとしても、その存在を否定することはできない。だからこそそれは確実な拠り所となるのである。

「事実や出来事の確固たる事実としての徴《しるし》は、まさしくそれが断固としてそこにあることである。そこに内在する予測不能性は一切の最終的な説明の試みを退ける。これに対して、イメージにはつねに何らかのもっともらしい説明が可能である。それによってイメージは一時的に事実の真理に対して優位に立つけれども、安定性という点では、端的にたまたまそうなってそれ以外ではあり得なかった事実には敵わない。比喩的に言うならば、徹底的に嘘を語ることは、われわれの足下から地面を取り去っておきながら、拠って立つことのできる別の地面を提供しないという理由はまさにここにある」[*5]。

人間の「行為」によって生みだされた事実は、その予測不能性、意外性ゆえに単純な説明を受けつけない。「こんなはずではなかったのに」。「どうしてこんなことになったのか」。その原因についてあれこれ議論しても、納得のいく答えはなかなか得られないだろう。だから人は「都合の悪い事実」はなかったことにして、わかりやすい説明やイメージに飛びつこうとする。

だが、どんなに虚偽の説明を重ねても、「起こってしまった事実」を「なかったことにする」ことはできない。そして、あれこれの抗弁を一切受けつけない「事実」の存在こそが、全体主義の「虚構の世界」に絡め取られないための確かな足場を与えてくれる、全体主義に対する抵抗の拠り所になる——アレントはそう主張するのである。

第6章　「事実の真理」を守り抜く

「事実」の弱点

しかしながら、問題はこれで終わりではない。全体主義に抗するための拠り所が「事実」であるとしても、それでは、それらの「事実」をどのようにして擁護するのか。「事実」には「事実」に特有の弱点がある。「事実」は人々の行為によって生じた出来事やその周囲の条件に関わるものであり、それが本当にあったかどうかは、誰かの「証言」によって確認されなければならない。その意味において事実は決して自明の事柄ではない。

「事実の証拠は目撃者――彼がどれほど信頼のおけないものであるかは世間周知のことである――、記録、文書、モニュメントなどの証言によって立証されるが、これらはどれも偽造を疑うことのできるものばかりである。論争になった場合に頼れるのは別の目撃者のみであり、第三者やそれ以上の審級に訴えることはできない。そして結着は通常、多数決という方法、すなわち意見をめぐる論争と同じ解決方法で着けられる。だがこの方法は、多数の目撃者の偽証するのを阻止する手だてがない以上、手続きとしてはまったく不十分である。それどころか、状況次第では多数派に加わりたいという感情が偽証を助長することさえある」[*1]。

ある事実が実際に起きたか起きなかったかの答えは一つであり、その意味において「事実」は哲学や宗教における真理と同じく絶対的な「真理」の領域に属している。にもかかわらず、「事実」が確かにあったということの証明、「事実についての真理」の証明は、目撃者の証言に拠らなければならない。より多くの証人を獲得することが「事実」が「真理」であるための条件とされる。つまり「真理」とは本質的に相容れない多数決という方法──本来は政治の場で用いられる方法──によって証明されなければならない。

ここに「事実の真理」の弱さの理由がある。

政治的思考の特質

もちろん、政治の場における多数決はたんなる数合わせではない。そこには討論を通じての説得と納得のプロセスが不可欠である。すでに述べたように人間関係の網の目の中に占める一人一人の立ち位置が異なっている以上、そこから見えてくる景色も異ならざるをえない。ある事柄やそれをめぐる問題についての見方も一人一人違ってくるはずである。

複数の人間の「行為」によって織り成される「政治」の営みは、一人一人がそれらの問題について抱く「意見」に依拠している。「意見」はその本質からして多様である。すべての人に普遍的に妥当する「意見」など存在しない。そうであるからこそ他人を説得して「支持」を獲得し、「合意」を形成することが必要となる。本質的に多様であらざるをえない複数の「意見」から「合意」を形成するためには何が必要か。アレントは次のように述べている。

「政治的思考は代表する。私は与えられた問題をさまざまな観点から考察することによって、ここにいない人びとの立場を心の中に思い浮かべることによって、意見を形成する。つまり私は彼らを代表するのである。代表というこの過程は、どこか別の所にいて、世界に対して違った見方を抱いている現実の誰かの意見を盲目的に採用することではない。それは誰か他人になろうとしたり、他人のように感じたりしようとする感情移入の問題でもなければ、頭数を数えて多数派に与することでもない。私は私でありながら、現実には私がいない場所に身を移して思考することなのである。与えられた問題について考えをめぐらしている間、人びとの立場を心の中に思い描いて、自分が彼らの立場であればどのように感じ、どのように考えるかについて想像できるようになればなるほど、代表して思考するという私の能力は強まり、最終的に私が到達した意見はより妥当なものとなる」[*2]。

政治的な対話の目的は、他人の見たまま感じたままに共感することではない。他人の感覚や感情を本当に理解することなど、神ならぬ人間にできはしない。他人の感情を「理解する」と称して人が行っていることは、結局は自分自身の感情や思考を他人に投影することでしかない。そもそも人間は自分の心の奥底さえ測り知ることができない。だからこそそれは公的な光から遠ざけて隠しておかなければならないというのがアレントの考え方であった。

他人の感情に対する安易な共感や感情移入をするのではなく、他人の意見をそのまま受け容れるのでもなく、あるいは逆に自分の意見を相手に押しつけるのでもなく、想像力を働かせて相手の立場に身を置き、幅広い視野から問題を検討することによって自分の「意見」を形成すること。代表というのはそのようなかたちで他者の立場を考慮した意見、多数の者の支持や同意を獲得できる意見の形成過程を意味していた。自分自身の立ち位置を明確にしながら、他者の立場に身を置いた場合を想定してものを考えるというこの能力こそ、さきに述べた「判断力」という人間の能力なのであった。

「不都合な事実」を語ること

そのような「判断力」によって形成される「意見」は、それが自分の立場を一方的に主張したり、自分や所属する集団の利益のみを重視したりするような粗野なものではなく、より公平で質の高いものであったとしても、何らかの絶対性を主張する「真理」とは相容れない。この点で「事実の真理」を語る人間は、特段の困難に直面することになる。

哲学や宗教の真理であれば、絶対的な真理、超越的な真理としての権威や神秘性を有している。そうした真理に進んで耳を傾けようとする者にとっては説得力を持つだろう。他方で、「自由」や「正義」といった原理原則や、「名誉」や「勇気」といった人間の持つ資質・特質は、超越性や絶対性という点では哲学や宗教の真理には劣るけれども、政治の世界で他人を説得する上では大いに有効性を発揮する。

これに対して、証人が語る「事実の真理」には、人を説得したり鼓舞したりできる内容はほとんど含まれていない。事実を語る証人は、それ自体としては何の変哲もないたんなる事実、哲学的・宗教的真理の超越性や政治的な原理や徳の崇高さを持たない「事実」を語らなければならない。しかも複数の人間の行為の絡み合いの中から起こってくる出来事は、「一歩間違えれば違っていたはずの」事実、「普通ならおよそありえなかったような」事実であることのほうが多い。それが自分にとって都合の悪い事実であるならば、素直にそれを事実として受け容れられる者は少ないだろう。往々にして人は不都合な事実よりも、耳触りのいい虚偽の説明のほうを好む。

事実を語る証人は、かりにそれが時の権力者や一部の政治勢力、世間にとって都合の悪い事実であったとしても、事実をありのままに語らなければならない。どんなに不都合な事実、およそありそうにない事実であっても、実際に起こってしまった事実を、人々に伝えなければならない。だが、事実に目を塞ぎたがる人々、事実を語る人間に敵意さえ抱くような人々に対して、見たままの事実を伝えるのは難しい。たまたまその場にいあわせただけの目撃者なら、証言台に立って敵意や反感の的になるのは躊躇するだろう。

事件によって何らかの被害を被った者ならば、勇気をふるって証言するかもしれないが、その場合には、「証人は自分の利益から事実を歪めているのだ」と誹謗や中傷を受けることになる。いずれにせよ、多くの者にとって「不都合な事実」を説得力をもって語ることは非常に困難である。かりに証人が他人に理解してもらえるよう熱弁をふるったとしても、それは政治的な説得の能力、彼の弁士としての能力を証明することにはなっても、彼が証言する事実の真理性、証人としての誠実さの証明にはならない。

不都合な事実を政治の場で否定するのは簡単である。ことさら証言の真実性、証人の誠実性を問題にしなくても、こう言えば足りる。「それは貴方の意見でしょう」。かくして事実の有無についての問題は「見解の相違」という「意見」の問題に解消されてしまう。

政治と真理の対立

「事実の真理」を守り抜こうとする者は、「事実の真理」が政治の場で表明される「意見」とは根本的に異なるものであること、この点で哲学や宗教その他の「真理」と同様の性質を有していることを理解しておかなければならない。

「真理」には「意見」や「異論」の介入を許さない、有無を言わせない強制的なところがある。起こってしまった「事実」は一つであり、その原因や起こした者の責任、及ぼした影響や意味についての解釈は異なっても、前提となる「事実」は変わることはない。哲学や宗教、あるいは科学の世界における「真理」も同様である。「真理」の発見の過程で論争があったとしても、正しい結論は一つでなければならない。明らかにされた「真理」はすべての人に等しく当てはまる。誰もそれから逃れることはできない。哲学などで数学的な推論が真理のモデルとされるのはここに理由があった。「真理」の有無を言わせないこうした性格は、複数の「意見」や立場の相違を前提とする「政治」における討論とは根本的に対立している。

「真理」のこの絶対的な性格のために、政治の場において「真理」を語ろうとする者は、しばしば専制的な支配を弁護するものとして批判される一方で、本物の専制支配者からは危険な存在として敵視されてきた。古代ギリシア・アテナイの民主政ポリスによってソクラテスが死刑にされたときから、プラトンにはじまる哲学が根本的なところで政治に対して批判的・懐疑的な立場をとっていた理由も、絶対的な「真理」を求める哲学と、複数の「意見」の存在を前提とする「政治」との間の根本的な対立に基づいていたのである。

「事実の真理」が起こってしまった事実、一つしかない事実についての「真理」である限りにおいて、それは哲学や宗教その他の「真理」と同様の絶対的な性格を否応なく持っている。「真理」はそのようなものとして擁護されなければならない。そのためにはまず、「真理」と「政治」のそれぞれの領域をはっきりと区別することが必要である。

すなわち、「真理」の領域においては多数決による決定は通用しないし、多数決であれ何であれ、強制によって「真理」が抑圧されたり歪曲されたりすることなどあってはならない。

他方で、「政治」の場においては、何らかの「真理」を、人々が絶対的に従うべきものとして強制してはならない。「真理」が人々に求める服従は、あくまでも自発的な承認に基づくのであって、かりに多数の人々が認める「真理」であっても、それを権力や暴力によって強制することは、「真理」がみずから「真理」としての資格を放棄することを意味するからである。

ジャーナリズムの役割

したがって、「事実の真理」の担い手は、多数の人々の「意見」に依拠する「政治」の領域からは相対的に独立していなければならない。

政治的に中立の立場から「事実の真理」を擁護すべき存在として、まずわれわれの念頭に浮かぶのは、ジャーナリズムの担い手としての報道機関だろう。ジャーナリストがいなければ、われわれは絶えず変化する世界の中で自分の位置を見定めることができない。

いま現実に進行しつつある事態についての情報を提供することによって、われわれの生きる拠り所としての「事実」を伝えるのがジャーナリズムの役割であるが、情報を集めて多くの人々に提供するという仕事自体は「政治の世界」に深く関わってこざるをえない。

その理由は報道が政府による情報統制の一環に組み込まれていて、時の政権や特定の党派に加担しているからではない。政治という営み、公的な場で行われる「行為」の特質に関わっている。

「行為」が複数の人間の相互作用の網の目の中で行われるとすれば、その結果は各人の意図とは一致しない予測不能性をはらんでいる。とりわけ政治報道の場合、政治家の行為の意味を、その行為が行われている過程で判断するのはなかなか難しい。たとえば政府の政策決定過程において、各省庁や諮問機関での準備作業をふまえて所轄大臣や首相が政策として決断して閣議決定するという場合に、報道機関が重視するのは、大臣や首相がその実行を決意した時点でその内容をいち早く報ずることだろう。閣議決定や記者会見の内容をたんになぞるだけでは遅い。他社に抜かれれば、後追いの記事になるし、速報性という意味でのニュースの価値は失われる。そうであるからこそ、報道各社の政治部の記者は首相をはじめとする主要閣僚や派閥の領袖、重要な官僚や委員会の審議員などに密着してその動向を絶えず探ることになる。何らかの情報を引きだそうとする彼らの努力は政治家や官僚の側の意図的なリークや、情報を与える見返りとしての供応などの腐敗の土壌を生み出すことになるだろう。これは、人間の「行為」がもたらす予測不能性に対応しようとする試みにともなうリスクである。

その意味においてジャーナリズムは、自らの取材と報道をつうじて、政治という営みの中に巻きこまれているのである。そうした中で可能な限り事実を確かめて、時々の政権や政策担当者、あるいはさまざまな党派の行動とその方向性を正確に報道することは、重要であると同時になかなかに困難な仕事である。そのためには個々のジャーナリストの努力だけでなく、政治の現場に密着しながらそれと一定の距離を保つことができるだけの組織やネットワークの形成が必要だろう。

インターネットや双方向の通信が情報の流通量や速度において既存のマス・メディアを凌駕し、誰でも好きなときに広く情報を発信することができるようになり、そのために必要な情報を取得する間口も格段に広がっている。同時にそれは、虚偽も含めた情報の意図的なリークによる世論操作や政治的影響力の行使や、誹謗中傷などの流布による個人や集団への攻撃などの可能性も広がることを意味する。そうした状況の中で報道機関に果たすべき役割があるとすれば、正確な事実の確認のための手段を組織して、信頼できる情報を発信すること以外にないだろう。

報道機関の仕事は、政治的な活動とは区別されなければならない。たんなる「誤報」ではなく「虚偽」の報道は、報道に対する信頼を失墜させることによって、情報提供という本来の役割を阻害することになる。非政治的で中立的な機能を果たすことによってこそ、報道機関は政治にとって重要な寄与をなすことができる。そうであるからこそ政治の側は、報道が中立的な情報提供という役割を十分に果たすことができるよう保護しなければならない。アレントによれば、自由主義的な立憲国家というのは、体制の安定的な機能のために、メディアなどの中立機関の保護を政治的に選択した体制のことであった。

アカデミズムの役割

ジャーナリズムが、より政治の場に近いところからその時々の事実を伝えるのに対して、政治の場とは明確に異なるところに足場をおいて「事実の真理」の担い手となるのが「アカデミズム」、大学などの研究機関に所属する学者・研究者の集団である。

事実が示す証拠に基づいて物事を探求するというその任務からして、彼らは「事実の真理」の擁護者たるべき第一の存在である。その中でもアレントが特に重視しているのは、具体的な政策課題との関係がより密接で、その政治的・社会的な影響や効果が直接的に示されると思われる自然科学や社会科学の分野ではなく、「歴史学と人文学」であった。「アカデミーのこの正真正銘の政治的意義は、今日、アカデミーの専門学部が重きをなすようになり、その自然科学部門が発展したために容易に見過ごされている。自然科学部門では基礎研究から予想もしなかったような仕方で国全体の死活に関わるような重大な成果が産まれてきている。大学のこうした社会的、技術的な有用性を否定することは誰にもできないが、そうした意味での重要性は政治的なものではない。歴史学と人文学は、事実の真理やこれまでの人間の記録を見つけ出し、これを保護し解釈することをその任務としているが、これは政治によりいっそう密接な関連性を有しているのである」[*3]。

今日、自然科学とそれに基づく科学技術の発展は社会に大きな影響を及ぼすようになってきている。経済成長のためにも絶えざる技術革新が不可欠で、そのための研究開発の促進は重要な政策課題になっている。各種の政策立案に関する科学者の発言が諮問機関などを通じて求められる一方で、科学研究自体が国家から提供される巨大な研究資金に依存していることは今日よく知られている。しかしながら、アカデミズム本来の役割の担い手としてアレントがここで挙げているのは、歴史学や人文学といった、今日の科学や技術の最先端からはいささか遠いと思われている分野である。そもそも「科学」のうちに入るのかさえしばしば議論になるような学問分野がなぜ「事実の真理」の担い手たりえるのか。その理由は、経済学に代表される「社会科学」についてのアレントの発言に示されている。「経済学が科学としての性格を主張するようになったのは、人間が社会的存在として一定の行動パターンに一律に従うようになり、規則から外れる行動をとる者は社会的ではないとか異常なものとして度外視できるようになってからである。統計学の法則が有効なのは対象が多数である場合か、長期にわたる場合だけであり、そこでは行為や出来事はたんなる統計学的な偏差や揺らぎとして処理される。個人の偉業や出来事といったものは日常生活や歴史においては稀にしか起こらない例外的な事例だというのが統計学の言い分である。だが日々繰り返される日常生活ではなく、一度きりの例外的な行為こそが、日常的な関係の本当の意味を開示する。歴史の中で一つの時代のもっていた意味を照らし出すのも数少ない出来事によってである。したがって多数の対象、長期の時期に当てはまる法則を政治や歴史に適用することは、政治や歴史からその中心主題を抹消しようとするものにほかならない。日常的な行動や自動的な傾向から外れるものは取るに足らないと排除しておきながら、政治に意味あるもの、歴史に重要なものを探し求めても得られるはずがないのである」[*4]。

法則から外れた個体の行動＝行為こそが重要

人間の行動を自然科学と同様の精度で分析しようとする「社会科学」は、近代になって経済の飛躍的発展とともに勃興してきた。

経済活動の場では誰もが同じように行動する。市場でモノを買うときにはできるだけ安い商品を、反対に財やサービスを売るときにはできるだけ高く売る。与えられた条件のもとで人は自己の利益を最大化するために行動する。これが経済学の前提である。需要充足とそのための財の交換という経済の世界では人々は統計的に処理可能な画一的行動をとる。だからこそ経済学は人間の行動の分析手段として有効なのである。そこでは一般的な法則から外れる個体の行動は「逸脱」や「偏差」として除外される。法則や仮説への適合を何よりも重視するそうした姿勢は、うまく適合しない資料の無視やデータの改竄《かいざん》への誘惑と背中合わせである。客観的な真理に誠実に向き合おうとする信念や、知的誠実性を担保する制度的な仕組みがなければ、目に見える研究成果の達成が研究資金やポストの保証と直接に結びついている限り、データの改竄の危険は今日、自然科学も含めて非常に大きいと言わねばならない。

自然科学においても法則から逸脱した事例や個別具体的な現象がまったく意味がないかという問題はおくとしても、人間の「行為」はそうした一般的な法則への適合に基づく計算と予測から外れることにこそ、その特徴があった。歴史的な出来事をもたらしたのは人間の「行為」であり、万人に当てはまる画一的な「行動」(behavior)ではない。政治的に意味あるもの、歴史的に重要なものを生み出すのは「行為」(action)だとアレントは言うのである。

行為に意味が与えられるとき

人間の「行為」の意味はどのようにして明らかにされるのか。それは第三者によって語られることによってである。

「行為の結果もたらされる物語の性格や内容がどのようなものであれ、演じられたのが私的な生活においてか公的生活においてか、行為する人間が多数であるか少数であるかに関わりなく、その行為の意味が完全に明らかになるのは、それが終わってからである。制作の場合には、その最終生産物は職人の眼があらかじめ捉えたイメージやモデルが与える導きの光によって判断される。これに対して行為の過程、したがって歴史の過程を照らす光は最後の最後になって、時には登場人物すべてが死んでからようやく現れる。物語の語り手、つまり歴史家が過去を振り返ってはじめて、行為はその姿を全面的に現す。いったい何が起きたのかについて歴史家は事実その出来事に関わった者よりも常によく知っている。行為者が自分の意図、目的、動機について行う説明が信頼できるという場合も時にはあるかもしれないが、歴史家にとっては有用な資料にすぎないし、その意義や信頼性は歴史家の語る物語に及ぶものではない。物語の作者がどのような物語を語ることになるかは、少なくとも行為の過程や、行為者が結果に拘束されている間は決して分からない。そもそも行為する者にとって行為の意味はそこから出てくる物語にはないからである。物語は行為の不可避的な結果であるけれども、それを捉えて物語として「作りあげる」のは物語作者であって行為者本人ではない」[*5]。

人間の「行為」は、複数の人間の間で行われる。一人の人間の「行為」は、その人一人の「行為」だけでは決して完結せず、「行為」が目標にした特定の人間、さらには不特定多数の人々にまでその影響を及ぼしていく。影響を受けた相手もまた、それぞれの意図に基づいて反応する。人間関係の網の目の中で行われる「行為」は、その結果を予測することはできない。意図したとおりの結果がもたらされることはほとんどない。彼の「行為」の意味、「彼が実際に何をしたのか」は、他者の目からみてはじめて明らかになる。

本人が何を望もうとも、その結果は他者の評価を待たなければならない。どんなにすぐれた人間であっても、自分の人生を自分自身で完成させることはできない。どんなに天才的な芸術家であっても、自分の人生そのものを芸術作品のように創造することはできないし、どんなに強権的な支配者であっても、自らの政治的・歴史的な業績をその意図通りに達成することは不可能である。彼のなしたこと、なそうとしたことの結果は、他者が、直接に彼と関わりを持たなかった人間が判定を下すだろう。後世の人間が下す公平な判断によってはじめて、彼の行為には意味が与えられ、彼の行為は、その成功も失敗も含めて人々の記憶に留められ、忘却の闇に沈むことなく救い出される。

物語による「現実との和解」

救い出されるのは行為者本人だけではない。語られることによってはじめて彼の行為は、残された世界に生きる人間にとって意味あるもの、理解できるものになる。そしてこれこそが、人間が起こってしまった結果に対して、折り合いを付ける唯一の方法なのである。人々がその「行為」によって行ってきたことの結果に正面から向き合い、それを「事実」として受け容れてはじめて、現在、そしてこれから生きる者は、その「事実」を確かな足場として歩んでいくことができる。歴史学や人文学の担い手が行う課題は、そのような意味における「現実との和解」にあった。

「事実の真理を語る者が同時に物語作家でもあるかぎり、事実の真理を語る者は「現実《リアリティ》との和解」を生じさせる。この「現実との和解」こそは、卓越した歴史哲学者であったヘーゲルが哲学的思考すべての究極目標と見なしたものであり、また実際、たんなる学識に終わらない歴史叙述ならばそのすべてが内に秘めている原動力である。歴史家は小説家と同じように（優れた小説はけっしてたんなる拵え事ではないし純粋なファンタジーの作り事でもない）、まったくの偶発事にすぎない所与の素材を変形しなければならないが、この変形は、詩人が行う気分や心の動きの変容——悲歎を哀歌に、歓喜を讃歌に変容させる——とほぼ同じ性質である。われわれはアリストテレスに従って、詩人の政治的機能のなかにカタルシスの作用、つまり人間が行為するのを妨げるすべての情緒を洗い流し除き去る作用を見ることができよう。物語作家——歴史家ないし小説家——の政治的機能は、あるがままの事物の受容を教えることである。誠実さとも呼ぶことのできるこのあるがままの事物の受容から、判断の能力が生じてくるのである」。[*6]

歴史が語る物語が事実に基づいているように、文学の語る物語もたんなる想像の産物ではない。文学は人間の行為とそれがもたらした結果、それにともなう心理や感情などを素材に物語を作りあげることによって、起こった「事実」とその意味を読者に考えさせることができる。あるがままの事実を受け容れて、その意味を理解させることができる。人が物事の善し悪しを見極める「判断力」もそれによって鍛えることができるだろう。

歴史学や人文学の分野で学者たちが行っている作業の本質は、そのような意味における

「現実との和解」にあった。彼らは、起こってしまった事実を確認するとともに、その行為の意味を──たとえば行為者の意図をさまざまな言明や記録から推測しながら、その行為が他者との関連でもたらした結果と照らし合わせて──理解しようとする。社会科学の分野においても、対象をたんに一般法則へ包摂するのではなく、「行為」がもたらした「事実」を確認して、その意味を理解しようとする限りにおいて、研究者がしていることでもあるだろう。「アカデミズム」のなすべき仕事は「事実の真理」とその意味を語ることにある。それは重要な政治的機能であるからこそ政治から一歩退いて初めてなしうる役割だとアレントは言うのである。

おわりに　希望を語り継ぐこと

「事実の真理」を擁護して、「行為」の意味を語るという仕事は、アカデミズムの特権的な任務ではない。もちろん過去の事実を確認するための資料の探索や批判的検証のためにはさまざまな技術を用いなければならない。そうした技術を習得した専門家集団が、相互の競争や審査によって自分たちの専門技術の品質証明をするとともに、彼らの活動を人的・物的に保障する仕組みが必要である。大学や研究機関がアカデミズムを代表して政治的に独立な地位を占めることとの必要性はここにあった。しかしながら、そうして明らかにされた事実を真摯に受けとめて、そこから聞こえてくる声を聞き取り、その場で行為した人々の物語を語ることは、専門家集団だけの仕事ではない。

ユダヤ人を助けて処刑されたドイツ人兵士

絶滅収容所へのユダヤ人の移送を組織したナチス親衛隊のアドルフ・アイヒマンの裁判を傍聴して書かれた『エルサレムのアイヒマン』の中で、アレントは一人のドイツ人兵士の行動について述べている。

その兵士の名前はアントン・シュミット曹長、彼はポーランドで任務を遂行中にユダヤ人の地下組織の人々と出会い、偽造書類や軍用トラックを提供して彼らの抵抗活動を支援したのである。支援は一九四一年一〇月から一九四二年三月に彼が逮捕されて処刑されるまでの五ヵ月間にわたって続けられた。当時のポーランドではユダヤ人を匿《かくま》ったり、地下組織のユダヤ人に武器を与えることはもちろん、ユダヤ人の子供を引き取って養子にすることさえきわめて危険な行動だったが、そうした行動に出て命を落とした人々も少なからず存在した。シュミットはその犠牲者として名前の挙がったただ一人のドイツ人だった。「コヴネル証人がこのドイツ軍曹長から与えられた援助について語った数分の間、法廷はすっかり静まりかえっていた。それはあたかも、アントン・シュミットと呼ばれる男のために慣例の二分間の黙禱を行うことを聴衆が自発的に決めたかのようだった。そして測り知れぬ黒一色の闇の中に突然輝きだした光のようなこの二分間のあいだ、ある一つの考えだけはあらゆる疑いを超えて、否定しがたく明瞭に人びとの頭に描かれた――このような話がもっと語られさえするならば、今日この法廷でも、イスラエルでも、ドイツでも、いや全ヨーロッパで、すべてはどれほど変わっていただろうか、という考えが[*1]」。

アントン・シュミットのような抵抗の物語がもっと語られていれば、状況は変わっていただろうとアレントは言うのである。もちろん、そのような抵抗は――かりにそれが周囲の人間に迫害の危険を及ぼさなかったとしても——無意味であり無益だという声が出てくることになるだろう。アレントはそうした異論の典型として、ロシア戦線に従軍したドイツの軍医ペーター・バムの著書『見えざる旗』（一九五二年）での発言を引いている。親衛隊の「行動部隊」がユダヤ人をガス殺用のトラックに乗せて殺したのを目撃したバムはこう述べる。

「われわれは何もしなかった。行動部隊に抗議したか何らかの本格的な妨害をした者は誰でも二四時間以内に逮捕され、姿を消してしまっただろう。反対者に対してその信条のための偉大な劇的な殉教者としての死を許さないのは、今世紀の全体主義政府の巧妙なところの一つである。そのような死であれば、われわれの内の多くの者は受け容れただろう。だが全体主義国家はその反対者を沈黙の匿名性のうちに消滅させる。犯罪を黙って見過ごすよりは敢えて死を選ぶ者がいたとすれば、彼がその生命を空しく犠牲にしたということは確実である。そのような犠牲は道徳的に無意味だと言っているわけではない。そのような犠牲を払うことは実際的にはまったく無用だった。実際上無用な犠牲をより高い道徳的意味のために自分で引き受けるほど深い確信を、われわれの誰一人として持ってはいなかったのである」[*2]。

このようなバムの発言に対してアレントは反論している。なるほど全体主義があらゆる人間の「行為」の痕跡を取り除こうとしたことは事実である。現に彼らは絶滅収容所で行われた犯罪の証拠を湮滅《いんめつ》しようとした。死体を焼却炉で焼き、爆薬や機械で骨を粉砕することで、犠牲者の存在した一切の痕跡を抹消して、誰も語り出すもののない沈黙と、誰とも分からぬ匿名の闇の中に閉じ込めようとした。だが、人間のすることに完璧ということはありえない。一人の人間、特定の人間集団の意図や目論みがそのまま実現することがないのは、人間の「行為」そのものに内在する性質である。誰かが生き残って語るだろう。残された痕跡からの声を誰かが聞き取るだろう。その意味で完全な「忘却の穴」をつくり出すことは全体主義にもできることではない。そこから語り出される物語にはどのような意味があるのか。

「このような物語に含まれる教訓は簡単であり、誰もが理解できる。政治的に言えばその教訓とは、恐怖《テロル》の条件下ではたいていの人間は屈従するだろうが、或る人びとは屈従しないだろうということである。［ユダヤ人問題の］最終解決への協力要請を受けた周辺各国の対応から導き出される教訓が、大抵の国では同じことが「起こりえた」けれども、どこでも起こったわけではないということであったのと同様に。人間的に言えば、この地球が人間の住むのにふさわしい場所であり続けるために、それ以上のことは必要でないし、それ以上を求めるのは道理に適っていないということである」[*3]。

人間の「行為」の性質からして、誰もが同じように行動するわけではない。それは必然では決してない。いまある現状を変えようとして誰かが「行為」を始めるだろう。この世界が人間の住むに相応しい世界であり続けるためには、誰もが画一的な「行動」をするのではなく、誰かが「行為」を始めればいい。そこに希望がある。

あなたの行為から新しい何かが生まれるかもしれない

アレントがアイヒマンを「凡庸な悪」と評したことはよく知られている。アイヒマンは決して特殊な人間、極悪非道の悪魔や残虐なサディストではなく、ごくごく普通の人間だった。普通の市民が一歩間違えばナチスのような犯罪に手を染めることになる。多くの人々を殺人工場に送る作業に加担することになる。全体主義の本当の恐ろしさ、おぞましさはここにある。「あなたのまわりにもアイヒマンがいるかもしれない、いや、あなた自身がいつアイヒマンになるかもしれない」。そうした教訓を人はしばしば引きだそうとする。だがそのように身構えたからといってうまく対処できるとは限らないのが人間の「行為」とその絡み合いの特質である。まして他人の行動のうちにアイヒマンを探ろうとするならば、全体主義が大いに利用した相互告発のシステムの形成に一役買うことになるだろう。

アレント自身がそこから引きだそうとしたのは、人々が引きだすことを望んだのは、むしろ人間の行為の可能性に対する希望だった。あなたにも何か新しいことを始める可能性がある。あなたが行った行為がそのまま意図通りに運ぶことはないけれども、その結果として何か新しいことが実現するかもしれない。そうであるからこそ、そうした行為とその結果は物語として語り継いでいかなければならない。

そしてまた、物語を語ることも一人一人の人間に与えられた能力である。物語の素材は起こってしまった事実だが、それを他人に伝えるためには言葉——あるいは映像その他の手段——によって形を与えなければならない。これはアレントの人間活動の分類でいえば、あらかじめ設定された目的のために素材に手を加える「仕事」＝「制作」に属しているが、それを究極的に導くのは「思考」という第四の活動である。

「思考」は自分が今している活動から一歩退いて、それを眺めることからはじまる。そこに「自分の中の他者との対話」が生まれる。自分をとりまく周囲の成り行きから身をひいて客観的に見ること、立ち止まって考えることは誰でもできるし、誰もがやっている作業である。ある人間の業績について、その意図や目的、失敗や過ちも含めた結果について語ることには、その「行為」の意味についての「思考」がすでに含まれている。そのようにして伝えられた物語は、今度は受け手の「思考」を促すだろう。ひいてはそれが新たな「行為」の可能性を開くことにもなるとアレントは言うのである。

全体主義の可能性を取り除く

一人一人の人間が自らの意志に基づいて行う「行為」は、つねに他者との間に織り成される「関係の網の目」の中で行われ、その結果は本人にも予測不能な可能性に満ち満ちている。人間の行動を一方的に強制しようとする全体主義の試みがほころびを見せて、最後には失敗するのもここに理由がある。どんなに強圧的な体制のどんなに巧妙な支配でも、一人一人の人間の活動を思い通りに操作することはできない。人の素質や性質、置かれた条件は一人一人違っており、必ず誰かが予想から外れた行動をして、それに異を唱えるだろう。だからこそ、われわれ一人一人がまたそうした人々の「行為」の記憶を、新たな可能性への希望とともに語り継いでいかなければならない。

全体主義の再来の可能性を取り除くためには、全体主義が破壊した人々の間のつながりを回復して、自由な「運動の空間」をつくり出していかなければならない。人間の自由な「行為」それ自体が予測不能な性質を帯びている以上、そこにはまた思いもよらない危険が待っているだろう。人間のもっている自由の可能性は、そうした危険と隣り合わせだからである。

自由な「行為」に基づく「運動の空間」を安定的に維持して、人々の間の共同を束の間の出来事に終わらせないためには、まったく新しい政治の仕組みが必要である。全体主義によって破壊されたそれまでの伝統やイデオロギーに頼らずに、従来とはまったく異なるやり方で人々のさまざまな活動を結び合わせていくこと。人間にはそうした「新しいこと」をはじめる能力が備わっているはずである。

『全体主義の起源』以降のアレントの思想は、そうした課題への挑戦であった。

註釈一覧

第3章

＊1 『全体主義の起源』第3巻・P86（以下、註記する文献の詳細については巻末読書案内を参照）
＊2 「権威とは何か」『過去と未来の間』P134－135
＊3 『全体主義の起源』第3巻・P141
＊4 『全体主義の起源』第3巻・P125－126
＊5 『全体主義の起源』英語版（1951年）P402。『全体主義の起源』第3巻・P216－217、P224－225参照

第4章

＊1 『人間の条件』講談社学術文庫（2023年に刊行予定）P333
＊2 『人間の条件』P367
＊3 「道徳哲学の諸問題」『責任と判断』P227－228
＊4 『全体主義の起源』第3巻・P351

第5章

＊1 『全体主義の起源』第3巻・P90
＊2 『人間の条件』P92
＊3 「真理と政治」『過去と未来の間』P350

＊4　『過去と未来の間』P350－351
＊5　『過去と未来の間』P351

第6章

＊1　『過去と未来の間』P330
＊2　『過去と未来の間』P327－328
＊3　『過去と未来の間』P356
＊4　『人間の条件』P73－74
＊5　『人間の条件』P344
＊6　『過去と未来の間』P357－358

おわりに

＊1　『エルサレムのアイヒマン』P319
＊2　『エルサレムのアイヒマン』P320
＊3　『エルサレムのアイヒマン』P321－322

読書案内

全体主義は徹底した自己破壊の現象であった。人間は自分自身を徹底して破壊することができる。人間を人間たらしめているあらゆる基盤、世界そのものを根底から破壊することができる。そうした破壊の後で人間はなお何ができるのか、アレントはこのことを徹底して考え続けた思想家だった。

アレントの思想に興味を持った読者に、その主な著作を紹介しておくことにしよう。

『全体主義の起原』大久保和郎・大島通義・大島かおり訳（みすず書房・新版・2017年）

アレントが本格的な思想家としての一歩を踏み出した著作。第一部「反ユダヤ主義」、第二部「帝国主義」では、全体主義を生みだしたヨーロッパの社会がナチスを生み出す前提が検討されていて、これを踏まえてはじめて第三部の「全体主義」の特質がよく理解できる。アレントにとって人間の行為が織り成す政治の世界の出来事は、その一つ一つが相互に関連している。そうした歴史的関連のなかに全体主義という現象も位置づけられている。

『人間の条件』牧野雅彦訳（講談社学術文庫・2023年に刊行予定）

全体主義の衝撃を受けて、人間が人間らしく生きて行くための条件は何であるかを考察した著作。「人間の条件」には、生命体としての人間が自然との間で行う営みが総体として含まれている。「労働」、「仕事」＝

「制作」、「行為」という活動もすべて自然との循環のなかでの営みである。その自然と人間との関係が近代になってどのように変化したのか、それが人間に何をもたらすのかが、本書のテーマである。

『革命について』志水速雄訳（ちくま学芸文庫・1995年）

『人間の条件』での考察を踏まえながら、「政治」の営みとその特質について、フランス革命とアメリカ独立革命という近代の二つの革命を主題に検討した書物。近代における政治のモデルとしてのアメリカの共和政体がどのような要素によって構成されているのかが論じられている。左翼のテロルの論理とその原因が検討されているのも本書である。

『暴力について――共和国の危機』山田正行訳（みすず書房・2000年）

そのアメリカ合衆国がベトナム戦争と黒人問題でゆるがされる一九六〇年代後半に、アレントはそこに生じた危機の原因について検討している。いくつかの論文やエッセイの集成で、全体を通したテーマが読みとりにくいので、アレントがそれまで提起した理論を一方で頭に置きながら、第二次大戦後のアメリカと世界の展開を背景にして読む必要がある。「権力」と「暴力」、そして「権威」の区別についても詳しく論じられている。

『過去と未来の間』引田隆也・齋藤純一訳（みすず書房・1994年）

『暴力について』が現実の政治的事象に関連した時論・政治評論だとすれば、こちらは思想的なエッセイの集成。ただしアレントの場合には政治評論と思想的考察との間に区別はなく、両者を自由に行き来するところが特徴なので、『暴力について』と合わせて読むとよい。

『エルサレムのアイヒマン――悪の陳腐さについての報告』大久保和郎訳（みすず書房・新版・2017年）

「悪の凡庸さ」というアイヒマンについての評言のみが一人歩きしている書物だが、ユダヤ人問題の「最終解決」にいたるナチスの政策決定過程、ユダヤ人の移送をめぐるナチス内部の思惑、ユダヤ人の側の対応、各国の服従と抵抗についての政治学的な分析の書としても読める。

『責任と判断』中山元訳（ちくま学芸文庫・2016年）

こちらはアレントの死後、残された論文や評論の集成だが、本書でも参照した「道徳哲学の諸問題」をはじめとして、アウシュビッツ裁判についての評論など重要なものが集められている。

あとがき

「アレントをまだ一度も読んだことのない人に、そのエッセンスをわかりやすく説明する」というのが編集長の青木肇さんから与えられた課題だった。その際、「難しい専門用語、業界用語は禁止」、「他の思想家との比較も禁止」、草稿の段階でも、「ここ、もう少し説明が欲しいです」、「普通の読者の理解できる限界です」、「唐突な感じがします」、「ここ要らなくないですか」と次々にハードルが設定された。その結果、自分としてはかなり攻めた内容になったが、うまくいったかどうかは読者の判断を待たねばならない。

アレントの思想は「手すりなき思考」などと言われる。既存の理論や思想は失効してしまった。われわれはそれまでの伝統に頼らずにモノを考えていかなければならない、というのがその本意だが、だからといって、一切の手がかりなしに考えろとアレントは述べているわけではない。そもそも神ならぬ人間に、外部からの刺激なしにものを考えることなど、できはしない。そこには必ず考えるための「よすが」や「手すり」が要る。

本を読むのはそうした「手すり」の一つである。人はそこから知識や情報を得るだけでなく、それを手がかりにものを考えはじめる。往々にして人は、自分の主張を裏づけてくれる箇所をピックアップして、自分の意見と異なるところがあれば、反論しようと身構える。だが、本当に考えなければならないのは、自分は何故この本に共感したのか、どこに違和感を感じたのかである。その本を読んで共感している自分、ムカついている自分こそ対話の相手、アレントの言う「もう一人の自分」のはずである。アレントの書物は、そうした対話の絶好の手がかりを与えてくれるだろう。

『全体主義の起源』にあらためて向き合う機会を与えてくれた青木さん、現代新書編集部に紹介の労を執ってくれた互盛央さんに、感謝したい。

牧野雅彦

講談社現代新書　2677

今《いま》を生《い》きる思想《しそう》　ハンナ・アレント　全体主義《ぜんたいしゅぎ》という悪夢《あくむ》

二〇二二年九月二〇日第一刷発行　二〇二二年一〇月二七日第三刷発行

著　者　牧《まき》野《の》雅《まさ》彦《ひこ》

発行者　鈴木章一

発行所　株式会社講談社
東京都文京区音羽二丁目一二―二一　郵便番号一一二―八〇〇一

電　話　〇三―五三九五―三五二一　編集（現代新書）
〇三―五三九五―四四一五　販売
〇三―五三九五―三六一五　業務

装幀者　中島英樹／中島デザイン

印刷所　株式会社ＫＰＳプロダクツ

製本所　株式会社国宝社

定価はカバーに表示してあります　Printed in Japan

N.D.C. 330　119p　18cm
ISBN978-4-06-529540-3

「講談社現代新書」の刊行にあたって

教養は万人が身をもって養い創造すべきものであって、一部の専門家の占有物として、ただ一方的に人々の手もとに配布され伝達されうるものではありません。

しかし、不幸にしてわが国の現状では、教養の重要な養いとなるべき書物は、ほとんど講壇からの天下りや単なる解説に終始し、知識技術を真剣に希求する青少年・学生・一般民衆の根本的な疑問や興味は、けっして十分に答えられ、解きほぐされ、手引きされることがありません。万人の内奥から発した真正の教養への芽ばえが、こうして放置され、むなしく滅びさる運命にゆだねられているのです。

このことは、中・高校だけで教育をおわる人々の成長をはばんでいるだけでなく、大学に進んだり、インテリと目されたりする人々の精神力の健康さえもむしばみ、わが国の文化の実質をまことに脆弱なものにしています。単なる博識以上の根強い思索力・判断力、および確かな技術にささえられた教養を必要とする日本の将来にとって、これは真剣に憂慮されなければならない事態であるといわなければなりません。

わたしたちの「講談社現代新書」は、この事態の克服を意図して計画されたものです。これによってわたしたちは、講壇からの天下りでもなく、単なる解説書でもない、もっぱら万人の魂に生ずる初発的かつ根本的な問題をとらえ、掘り起こし、手引きし、しかも最新の知識への展望を万人に確立させる書物を、新しく世の中に送り出したいと念願しています。

わたしたちは、創業以来民衆を対象とする啓蒙の仕事に専心してきた講談社にとって、これこそもっともふさわしい課題であり、伝統ある出版社としての義務でもあると考えているのです。

一九六四年四月　野間省一

哲学・思想Ⅰ

66 哲学のすすめ——岩崎武雄
159 弁証法はどういう科学か　三浦つとむ
501 ニーチェとの対話——西尾幹二
871 言葉と無意識——丸山圭三郎
898 はじめての構造主義　橋爪大三郎
916 哲学入門一歩前——廣松渉
921 現代思想を読む事典　今村仁司 編
977 哲学の歴史——新田義弘
989 ミシェル・フーコー　内田隆三
1001 今こそマルクスを読み返す　廣松渉
1286 哲学の謎——野矢茂樹
1293 「時間」を哲学する——中島義道
1315 じぶん・この不思議な存在——鷲田清一
1357 新しいヘーゲル——長谷川宏
1383 カントの人間学——中島義道
1401 これがニーチェだ——永井均
1420 無限論の教室——野矢茂樹
1466 ゲーデルの哲学——高橋昌一郎
1575 動物化するポストモダン　東浩紀
1582 ロボットの心——柴田正良
1600 ハイデガー＝存在神秘の哲学——古東哲明
1635 これが現象学だ——谷徹
1638 時間は実在するか　入不二基義
1675 ウィトゲンシュタインはこう考えた　鬼界彰夫
1783 スピノザの世界——上野修
1839 読む哲学事典——田島正樹
1948 理性の限界——高橋昌一郎
1957 リアルのゆくえ——大塚英志 東浩紀
1996 今こそアーレントを読み直す——仲正昌樹
2004 はじめての言語ゲーム——橋爪大三郎
2048 知性の限界——高橋昌一郎
2050 超解読！ はじめてのヘーゲル『精神現象学』　竹田青嗣 西研
2084 はじめての政治哲学　小川仁志
2099 超解読！ はじめてのカント『純粋理性批判』　竹田青嗣
2153 感性の限界——高橋昌一郎
2169 超解読！ はじめてのフッサール『現象学の理念』——竹田青嗣
2185 死別の悲しみに向き合う——坂口幸弘
2279 マックス・ウェーバーを読む——仲正昌樹

哲学・思想Ⅱ

13 論語——貝塚茂樹
285 正しく考えるために 岩崎武雄
324 美について——今道友信
1007 日本の風景・西欧の景観——オギュスタン・ベルク 篠田勝英 訳
1123 はじめてのインド哲学 立川武蔵
1150 「欲望」と資本主義——佐伯啓思
1163 「孫子」を読む——浅野裕一
1247 メタファー思考——瀬戸賢一
1248 20世紀言語学入門 加賀野井秀一
1278 ラカンの精神分析——新宮一成
1358 「教養」とは何か——阿部謹也
1436 古事記と日本書紀 神野志隆光
1439 〈意識〉とは何だろうか 下條信輔
1542 自由はどこまで可能か 森村進
1544 倫理という力——前田英樹
1560 神道の逆襲——菅野覚明
1741 武士道の逆襲——菅野覚明
1749 自由とは何か——佐伯啓思
1763 ソシュールと言語学——町田健
1849 系統樹思考の世界——三中信宏
1867 現代建築に関する16章 五十嵐太郎
2009 ニッポンの思想——佐々木敦
2014 分類思考の世界——三中信宏
2093 ウェブ×ソーシャル×アメリカ 池田純一
2114 いつだって大変な時代——堀井憲一郎
2134 いまを生きるための思想キーワード——仲正昌樹
2155 独立国家のつくりかた 坂口恭平
2167 新しい左翼入門——松尾匡
2168 社会を変えるには——小熊英二
2172 私とは何か——平野啓一郎
2177 わかりあえないことから 平田オリザ
2179 アメリカを動かす思想 小川仁志
2216 まんが 哲学入門——森岡正博 寺田にゃんこふ
2254 教育の力——苫野一徳
2274 現実脱出論——坂口恭平
2290 闘うための哲学書——小川仁志 萱野稔人
2341 ハイデガー哲学入門 仲正昌樹
2437 ハイデガー『存在と時間』入門——轟孝夫

宗教

政治・社会

1145 冤罪はこうして作られる　小田中聰樹
1201 情報操作のトリック　川上和久
1488 日本の公安警察――青木理
1540 戦争を記憶する――藤原帰一
1742 教育と国家――高橋哲哉
1965 創価学会の研究――玉野和志
1977 天皇陛下の全仕事――山本雅人
1978 思考停止社会――郷原信郎
1985 日米同盟の正体――孫崎享
2068 財政危機と社会保障――鈴木亘
2073 リスクに背を向ける日本人　山岸俊男／メアリー・C・ブリントン
2079 認知症と長寿社会――信濃毎日新聞取材班
2115 国力とは何か――中野剛志
2117 未曾有と想定外――畑村洋太郎
2123 中国社会の見えない掟　加藤隆則
2130 ケインズとハイエク　松原隆一郎
2135 弱者の居場所がない社会　阿部彩
2138 超高齢社会の基礎知識　鈴木隆雄
2152 鉄道と国家――小牟田哲彦
2183 死刑と正義――森炎
2186 民法はおもしろい――池田真朗
2197 「反日」中国の真実――加藤隆則
2203 ビッグデータの覇者たち――海部美知
2246 愛と暴力の戦後とその後――赤坂真理
2247 国際メディア情報戦――高木徹
2294 安倍官邸の正体――田﨑史郎
2295 福島第一原発事故 7つの謎　NHKスペシャル『メルトダウン』取材班
2297 ニッポンの裁判――瀬木比呂志
2352 警察捜査の正体――原田宏二
2358 貧困世代――藤田孝典
2363 下り坂をそろそろと下る　平田オリザ
2387 憲法という希望――木村草太
2397 老いる家 崩れる街　野澤千絵
2413 アメリカ帝国の終焉　進藤榮一
2431 未来の年表――河合雅司
2436 縮小ニッポンの衝撃　NHKスペシャル取材班
2439 知ってはいけない――矢部宏治
2455 保守の真髄――西部邁

世界史Ⅰ

世界史Ⅱ